실용 일본어 입문

저자 김광수 · 박윤호 · 이하자 · 방극철 · 조래철

일러두기

　본 교재는 『일본어입문』(초급 기초 학습편)을 학습한 학습자가 기초발전 단계에서 계속 학습할 수 있도록, 문형, 어휘를 선별하여 일상 생활에서 실용적으로 사용할 수 있는 내용, 즉 '말하기'중심으로 11課까지 구성하여 쓰여진 것입니다. 그리고 12課에서는 일본어 중급독해를 위한 문장을 소개하여, 독해력 향상을 도모하고자 하였습니다. 교재의 구성은 다음과 같이 하였습니다.

◎ 교재구성 및 내용

　각 과는 [기본문형], [本文], [文法ノート], [練習Ⅰ], [練習Ⅱ], [問題]로 구성하였습니다.

1. [기본문형]에서는 각 課에서 공부하게 될 기본적인 문형을 제시하였습니다.
2. [本文]에서는 기본문형이 실제로 어떻게 사용되는지를 다양한 예문을 제시하여, 짧은 대화형식으로 학습하도록 하였습니다.
3. [文法ノート]은 그 課에서 다루는 문형, 문법을 쉽게 설명하여 이해할 수 있도록 정리하였습니다.
4. [練習Ⅰ]에서는 실선 점선을 사용하여 문형이해가 쉽도록 배려하였으며, 관련 어휘력 배양과 [말할 수 있는 일본어], [사용할 수 있는 일본어]가 될 수 있도록 반복 연습하게 하였습니다.
5. [練習Ⅱ]에서는 다양한 형식의 예문을 통해 기본문형을 완벽하게 습득하도록 하였습니다. 특히, 각 항에서 제시하는 상황이나 그림 등을 활용하여 반복학습 하도록 하여, 쉽게 이해하도록 하였습니다.
6. [問題]에서는 어휘, 문법, 문형 등의 학습을 한번 더 확인하도록 하였습니다.

◎ 참고사항

1. 한자는 원칙적으로 상용한자에 의해 표기하였고, 또한 새로 나온 한자는 요미가나(ふりがな)를 달았습니다.
2. 숫자는 아라비아 숫자를 사용하였습니다.
3. 문장 부호는 [ ](문장 중에 생략할 수 있는 경우), ( ) (다른 표현), = (바꾸어 말할 수 있는 부분)의 3가지를 사용하였습니다.

◎ 들을 수 있고 말할 수 있는 일본어

1. 일본어 실력은 결국 어휘력입니다. 최소한 각 과에서 새로 나오는 단어는 외워 주십시오.
2. 기본문형 및 실용적인 문장은 외워 주십시오. 단어, 문장을 외울 때는 쓰면서 외우지 말고, 소리내어 읽으면서 외우십시오.
3. 일본어로 말하려고 하는 노력을 하고 있습니까? 회화를 잘 할려면 자신에게 질문해 보십시오.
4. 하루에 10분이라도 일본어를 들으려고 노력하고 있습니까? 외국어를 잘 알아들으려면 자신에게 질문해 보십시오 노력 없이는 외국어의 학습 및 정복은 불가능합니다.

일본어를 처음 접하는 학습자에게 있어서 문법, 문형의 기초 지식은 물론, 간단한 회화형식으로 구성하여, 실용적인 일본어를 학습하고자 하는 초·중급자에게 많은 도움이 되리라 믿습니다. 아무쪼록 이 책이 실용 일본어의 기초를 이해하고, 교양 일본어 지식을 발전시키는데 도움이 되기를 바라며, 미비점에 대해서는 수정 보완하도록 하겠습니다.

끝으로, 본 교재를 완성하는데 많은 도움을 준 객원교수(平野涼子, 満石貴美子), 교육대학원생 정은경, 손화영님에게 진심으로 감사드립니다.

2008. 7. 30.
저자

目　次

01

薬を飲めば
なおります

この薬を飲めば、すぐ治ります。
掲示板(けいじばん)を見ればわかります。
よければ、いっしょに行きたいんですが。

薬を飲めばなおります

새로 나온 단어

- なおる(治る)　낫다, 치유되다
- かよう(通う)　다니다
- さがす(探す)　찾다
- つごう(都合)　사정, 상황
- よゆう(余裕)　여유
- さつえいじょう(撮影場, ＝ ロケ地)　촬영장
- どうぶつえん(動物園)　동물원
- おぼえる(覚える)　외우다
- きそく(規則)　규칙
- みんぞくむら(民族村)　민속촌
- せいせき(成績)　성적
- ごうかく(合格)　합격
- りかい(理解)　이해
- にゅうじょうけん(入場券)　입장권
- つうじる(通じる)　통하다
- いそぐ(急ぐ)　서두르다
- スパゲッティ　스파게티
- ことば(言葉)　말, 언어
- ドラマ　드라마
- やきゅうじょう(野球場)　야구장

1. 英会話を習いたいんですが、どうすればいいですか。

　　… そうですね。英会話スクールに通えばいいですよ。

　どこにありますか。

　　… 駅前にあります。

2. 会話Ⅱは何時からですか。

　　… よくわかりません。事務室で聞けばわかります。

　時間が合わなければどうすればいいですか。

　　… よく探せば、都合がいいところがあります。

3. 何が買いたいですか。

　　… DVDとコンピューターが買いたいですね。

　他にはありませんか。

　　… 今はないですが、余裕があれば車を買いたいです。

4. 今度の休みにどこへ行きたいですか。

　　… そうですね。北海道に行きたいです。

　北海道で何がしたいですか。

　　… 雪祭りとドラマの撮影場が見たいです。

　子供たちはどうですかね。

　　… 子供たちは旭川の動物園へ行きたがるでしょう。

文法ノート

① 가정표현

(1) 동사 + ば形

　　일본어 동사의 가정표현은 기본형(사전형)의 마지막 字 ウ段(u)을 エ段(e)으로 바꾸고, 「ば」를 붙이면 된다.

　　Ⅲ類　　かく　[ku]
　　　　　　け　　[ke] ＋ ば → かけば(쓰면)
　　Ⅱ類　　たべる [ru]
　　　　　　れ　　[re] ＋ ば → たべれば(먹으면)
　　Ⅰ類　　みる　[ru]
　　　　　　れ　　[re] ＋ ば → みれば(보면)

- 漢字で 書けば わかります。 (한자로 쓰면 압니다.)
- 見れば わかるでしょう。　　 (보면 알 것입니다.)

(2) 형용사 + 「ば」

　　형용사의 가정표현은 語尾 「い」를 「けれ」로 바꾸고, 「ば」를 붙이면 된다.

美し<u>い</u>
　<u>けれ</u> ＋ ば → 美しければ(아름다우면)

---

❷ 희망의 [たい]

<table>
<tr><td><ます形></td><td></td><td><たい形></td><td></td></tr>
<tr><td>のみ(ます)</td><td></td><td>のみたい</td><td>(마시고 싶다)</td></tr>
<tr><td>み(ます)</td><td>＋ たい</td><td>みたい</td><td>(보고 싶다)</td></tr>
<tr><td>たべ(ます)</td><td></td><td>たべたい</td><td>(먹고 싶다)</td></tr>
</table>

- 冷たい 水が 飲みたいです。　　　　(차가운 물이 마시고 싶다.)
- 夏休みには 中国に 行きたいです。(여름 방학에는 중국에 가고 싶다.)

「~が ~たい」

「水をのむ」가「水がのみたい」로 되는 것처럼, 행위의 대상을 나타내는「を」는「~たい」로 되면「が」로 바뀌는 것이 일반적이지만, 실제에서는「~を~する」형태를 그대로「~を~シたい」로 사용하는 경향도 많이 보인다.

※「~たい」와 비슷한 용법으로「~たがる」가 있다.「たい」와「たがる」의 차이는,「たい」는 화자 자신의 마음속 기분을 직접 나타내는 것이고,「たがる」는 상대방의 하고 싶어하는 기분을 표현하는 용법이다.

- 私はビールが飲みたい。(○)
- 私はビールを飲みたがる。(?)
- 山田さんはビールが飲みたい。(?)
- 山田さんはビールを飲みたがる。(○)

그러나, 의문, 과거인 경우는 화자 이외의 경우에도 사용한다.
- 山田さんはビールが飲みたいか。(○)
- 山田さんはビールが飲みたかった。(○)

1.

見れば	わかります。
新聞を見れば	
今日の新聞を見れば	
机の上にある今日の新聞を見れば	

読めば	わかります。
本を読めば	
会話の本を読めば	
本棚の中にある会話の本を読めば	

2. 覚える　規則を覚えればすぐわかります。
　　読む　　薬を飲めば治ります。
　　いる　　母が家にいれば私も行きます。
　　できる　日本語ができればいいです。

　　くる　　学校へ来れば成績がわかります。
　　する　　勉強すれば合格します。.

　　話す　　あなたが話せば理解します。
　　待つ　　ここで待てばきます。
　　買う　　入場券を買えば入ります。
　　ある　　本があれば読みます。
　　書く　　漢字で書けば通じます。
　　急ぐ　　急げばまわりましょう。
　　飲む　　水を飲めば涼しくなります。

3. 高い　　　　値段が高ければ買いません。
　　広い　　　　運動場が広ければいいです。

　　飲みたい　　水が飲みたければあそこにあります。
　　食べたい　　何か食べたければ食堂に行きましょう。

　　高くない　　値段が高くなければ買います。
　　悪くない　　都合が悪くなければ出席します。

4.　　　暖かいお茶が飲み｜たい　です。
　　　スパゲッティが食べ｜
　　　　北海道に行き｜
　　　　　映画が見｜

　　　暖かいお茶が飲み｜たく　ないです。
　　　スパゲッティが食べ｜
　　　　北海道に行き｜
　　　　　映画が見｜

다음을 아래와 같이 일본어로 표현해 보세요.

1.
> その問題は＿見れば＿わかります。(見る)

(1) それは＿＿＿＿＿あります。(行く)

(2) 日本語で＿＿＿＿＿わかります。(話す)

(3) 山田さんが＿＿＿＿＿木村さんがいます。(いない)

(4) 私が＿＿＿＿＿＿＿大丈夫です。(運転する)

2.
> どんな辞書を見ればいいですか。(国語辞書)
> → 国語辞書を見ればいいです。

(1) どこの言葉で聞けばいいですか。(日本語)

→

(2) だれに話せばいいですか。(山本さん)

→

(3) どれをとればいいですか。(一番大きいもの)

→

3.
> 何が買いたいですか。(カメラ)
> → カメラが買いたいです。

(1) 何が飲みたいですか。(ジュース)

→

(2) 今度の日曜日にどこへ行きたいですか。(民族村)

→

(3) だれに会いたいですか。(工藤さん)

→

(4) 何がしたいですか。(旅行)

→

4.

> 私・ドラマ・見ます
> → 私はドラマが見たいです。
> 子供・漫画・見ます
> → 子供は漫画を見たがります。

(1) 子供・お菓子・食べます

→

(2) 私・外国旅行・します

→

(3) むすこ・魚・食べません

→

(4) むすめ・肉・食べません

→

5.

> 学生たち・その木・買います・でしょう
> → 学生たちはその木を買いたがるでしょう。

(1) 学生たち・卒業旅行・日本・行きます・でしょう

→

(2) 友達・毎週・会います・でしょう

→

(3) 母・その料理・作ります・でしょう

→

(4) 太郎・野球場・行きます・でしょう

→

❶ 「ば」(가정) 形을 쓰시오.

-ます	-ば	-ます	-ば
起きます		会います	
見ます		待ちます	
食べます		帰ります	
開けます		買います	
書きます		貸します	
急ぎます		話します	
飲みます		運動します	
遊びます		します	
運びます		来ます	

❷ □안에서 단어를 하나 선택하여, 적당한 형태로 고쳐서 ___에 쓰시오.

ある　　安い　　買う　　帰る　　する

(1) 部屋に電話が _____ば いいですが、

(2) 1年に一回は国へ_____たいです。

(3) 切手をなんまい_____たいですか。

(4) 練習_____ば 上手になります。

(5) _____買いましょう。

02

タバコは吸わないで
ください

室内ではタバコを吸わないでください。

レポートは明日までに出さなければなりません。

論文は今日までに出さなくてもいいです。

第 **2** 課 タバコは吸わないでください

새로 나온 단어

- しつない (室内)　실내
- すわる (座る)　앉다, 자리잡다
- きんし (禁止)　금지
- りれきしょ (履歴書)　이력서
- しょるい (書類)　서류
- たんい (単位)　학점
- うんてん (運転)　운전
- はらう (払う)　지불하다, 제거하다
- ろんぶん (論文)　논문
- いちおう (一応)　대충, 대략, 우선, 일단
- ようし (用紙)　용지
- むかえる (迎える)　마중하다, 맞이하다
- ひっす (必須)　필수
- つく (着く)　도착하다
- はたらく (働く)　일하다, 근무하다
- げんば (現場)　현장

1. タバコを吸ってもいいですか。
   … すみません、ここではちょっと。

2. ここに座ってもいいですか。
   … ええ、いいですよ。どうぞ。

3. 写真をとってもいいですか。
   … いいえ、一応禁止されています。ここではとらないでください。

4. 問題用紙は出さなくてもいいですか。
   … はい、問題用紙も出さなければなりません。

5. 履歴書は日本語で書かなければなりませんか。
   … もちろん、日本語で書いて明日までに出してください。

6. 書類はいつまでに出さなければなりませんか。
   … 来週の月曜日までに出してください。

7. 入場券はいくらですか。
   … 大人は1200円で、子供は600円です。
     4歳ですが、買わなければなりませんか。
   … いいえ、6歳までは買わなくてもいいです。

文法ノート

❶ 동사의 부정형(ない形)

　동사의 부정표현(~지 않다)은 「ない」를 붙여서 표현하는데, 동사의 종류에 따라 4종류로 구분된다.

(1) Ⅰ類動詞 (上一段動詞)
　「る」또는 「ます」대신에 「ない」를 붙이면 된다. 즉, 「ます」와 같다.

　　みる(보다)　　　　　　　　　　　おきる(일어나다)
　　みます(봅니다)　　　　　　　　　おきます(일어납니다)
　　みない(보지 않다)　　　　　　　 おきない(일어나지 않다)

(2) Ⅱ類動詞 (下一段動詞)
　Ⅰ類動詞와 같이 「る」또는 「ます」대신에 「ない」를 붙이면 된다.

　　食べる(먹다)　　　　　　　　　　いれる(넣다)
　　食べます(먹습니다)　　　　　　　いれます(넣습니다)
　　食べない(먹지 않다)　　　　　　 いれない(넣지 않다)

(3) Ⅲ類動詞 (五段動詞)
　동사의 마지막 음절은 모두 모음이 u이다. 이 모음 u를 a로 바꾸고 「ない」(nai)를 붙이면 부정 표현이 된다.

　　よむ(읽다) (yomu)　　　　　　　　あるく(걷다) (aruku)
　　よまない(읽지 않다) (yomanai)　　あるかない(걷지 않다) (akukanai)

(4) 「する」「くる」

　　「する」는 「ます」形과 같다. 「くる」는 「こない」로 된다.

　　する(하다)　　　　　　　　　　くる(오다)
　　します(합니다)　　　　　　　　きます(옵니다)
　　しない(하지 않다)　　　　　　こない(오지 않다)

I類動詞・II類動詞　　み　る　　(보다)
　　　　　　　　　　　み　ます　(봅니다)
　　　　　　　　　　　み　ない　(보지 않다)

III類動詞　　　　　　のむ[mu]　　　　　　　のむ　　　(마시다)
　　　　　　　　　　のま[ma] ＋ ない　　のまない　(마시지 않다)

❷ なくても いいです

　　이 문형은 「ない」(부정) ＋ 「ても」(고(서)도) ＋ 「いいです」(좋습니다, 괜찮습니다)의
구조이다. 즉, 할 필요가 없는 것을 표현할 때 사용한다.

　●明日は 早く 来なくても いいです。
　　(내일은 빨리 오지 않아도 됩니다.)
　●生年月日は 書かなくても いいです。
　　(생년월일은 쓰지 않아도 괜찮습니다.)

❸ なければなりません

　　이 문형은 「ない」의 가정형 「なければ」(않으면) ＋ 「なりません」(안됩니다)의 구조이
다. 의미적으로는 부정이 아니며, 「해야한다」를 강조할 때 주로 사용한다.

● 空港まで 迎えに 行かなければ なりません。

(공항까지 마중 가지 않으면 안됩니다.)

● 必須科目は 単位を 取らなければ なりません。

(필수과목은 학점을 취득하지 않으면 안됩니다.)

❹ ないでください

「ない」(부정) + 「で」(조사) + 「ください」(주십시오)의 구조로, 상대방에게 하지 말도록 의뢰할 때 「〜하지 말아 주십시오」의 의미로 사용한다.

● もう大丈夫です。心配しないでください。

(이제 괜찮습니다. 걱정하지 마세요.)

● このドアは 開けないでください。

(이 문은 열지 말아 주십시오.)

1.　　教え｜ます　　　　　　　　教え｜ない
　　　覚え｜ました　　　　　　　覚え｜なかった
　　　食べ｜　　　　　→　　　　食べ｜
　　　　い｜　　　　　　　　　　　い｜
　　　　見｜　　　　　　　　　　　見｜

2.　　書き｜ます　　　　　　　　書き｜ない
　　　立ち｜ました　　　　　　　立ち｜なかった
　　　買い｜　　　　　　　　　　買い｜
　　　売り｜　　　　　→　　　　売り｜
　　　行き｜　　　　　　　　　　行き｜
　　　遊び｜　　　　　　　　　　遊び｜
　　　飲み｜　　　　　　　　　　飲み｜

3.　　運転｜します　　　　　　　運転｜しない
　　　勉強｜しました　→　　　　勉強｜しなかった
　　　運動｜　　　　　　　　　　運動｜

4.

教え	なければなりませんか。	→	教え	なくてもいいです。
覚え			覚え	
着か			着か	
書か			書か	
立た			立た	
遊ば			遊ば	
飲ま			飲ま	
運転し			運転し	
勉強し			勉強し	

5.

食べ	なくてもいいですか。	→	食べ	ないでください。
い			い	
見			見	
買わ			買わ	
売ら			売ら	
行か			行か	
運動し			運動し	

다음을 아래와 같이 표현해 보세요.

1.
> ここに座ってもいいですか。
> → A ：ええ、いいですよ。どうぞ。
> 　　A' ：いいえ、座らないでください。

(1) ここでたばこを吸ってもいいですか。
　　→ A ：ええ、
　　　　A' ：いいえ、

(2) その 資料を送ってもいいですか。
　　→ A ：ええ、
　　　　A' ：いいえ、

(3) 靴をぬいでもいいですか。
　　→ A ：ええ、
　　　　A' ：いいえ、

2.
> レポートは来週までに出さなければなりませんか。(はい)
> → はい、来週までに出さなければなりません。
> 今日、病院に行かなければなりませんか。(いいえ)
> → いいえ、今日は[病院に]行かなくてもいいです。

(1) 私がお金を払わなければなりませんか。(いいえ)
　　→ いいえ、

(2) 私が料理を作らなければなりませんか。(はい)
　　→

(3) 空港まで迎えに 行かなければなりませんか。(いいえ)
　　→

(4) 薬は食事の後に飲まなければなりませんか。(はい)
　　　→

3.

> この箱はここに置いてもいいですか。
> → その箱はそこに置かないでください。

(1) 名前は鉛筆で書いてもいいですか。
　　　→ いいえ、
(2) もう働いてもいいですか。
　　　→ いいえ、まだ、
(3) 現場は入ってもいいですか。
　　　→ 危ないですから、
(4) 12時頃、かけてもいいですか。
　　　→ 12時から1時までは

❶ ない形으로 고치시오.

ます形	ない形	ます形	ない形
歩きます		寝ます	
送ります		呼びます	
見ます		歌います	
持ちます		働きます	
手伝います		待ちます	
休みます		話します	
来ます		起きます	
洗濯します		走ります	

❷ 다음을 일본어로 작문해 보세요.

(1) 용무가 있어서 외출하지 않으면 안 됩니다.

   →

(2) 도서관에서 책을 빌려야 합니다.

   →

(3) 오늘은 잔업을 안 해도 됩니다.

   →

(4) 주소는 쓰지 말아 주십시오.

   →

(5) 회의장 밖으로 나가지 말아 주십시오.

   →

(6) 여권의 복사본을 FAX로 보내 주십시오.

   →

● MEMO NOTE ●

03

泳ぐことができます

プールで100mぐらい泳げます。
国際電話がかけられます。
あの木に登ることができます。

第 3 課 泳ぐことができます

새로 나온 단어

- プール　풀장, 수영장
- めんきょ (免許)　면허
- うせつ (右折)　우회전
- ゆっくり　천천히
- かんけいしゃ (関係者)　관계자
- ひく (弾く)　연주하다, (피아노)치다, 켜다
- にほんしゅ (日本酒)　일본술(清酒)
- よぶ (呼ぶ)　부르다
- こくさい (国際)　국제
- たんご (単語)　단어
- のこる (残る)　남다, 잔류하다
- ぼしゅう (募集)　모집
- しぬ (死ぬ)　죽다
- てつだう (手伝う)　남을 도와서 일하다
- おくる (送る)　보내다
- かりる (借りる)　빌다, 도움을 받다

1. 昨日、プールに行ってきました。
   … そうですか。どのぐらい泳ぐことができますか。
   休まずに100mぐらい泳げます。
   … すごいですね。あとで教えてください。

2. 運転ができますか。
   … 去年免許をとりました。
   じゃ、運転は大丈夫ですね。

3. 私はてんぷらが作れますから、てんぷらを持っていきます。
   … じゃ、僕は日本酒を持っていきます。
   すみません。私はお酒が飲めないんです。

4. 英語で電話をかけることができますか。
   … 英語はちょっと。日本語ならなんとかできます。

5. 昨日の単語はぜんぶ覚えられましたか。
   … ええ、なんとか覚えられました。

6. この辺りは右折禁止ですから、曲がれません。
   … そうですか。じゃ、ここでいいです。

7. 明日は忙しいですから、ちょっと行けません。
   … そうですか。それは残念ですね。

8. もうちょっといかがですか。
   … いや、お腹がいっぱいですから、もう食べられません。

① 可能表現

「할 수 있다」라는 가능을 나타낼 때 사용하는 표현으로는 다음과 같은 것이 있다.

(1) Ⅰ類, Ⅱ類동사의 경우, 「食べる」→「食べられる」、「生きる」→「生きられる」와 같이 「る」 대신에 「られる」를 붙이면 가능동사가 된다. 타동사의 경우 조사 「を」를 「が」로 바꾼다.

> ※ 최근에 젊은층을 중심으로 어미(る)를 e段으로 바꾸고 「る」를 붙이는 경향이 늘어나고 있다.
> (みる→みれる、 たべる → たべれる)

(2) Ⅲ類동사의 경우, 「読む」→「読める」, 「歩く」→「歩ける」와 같이 語尾를 e段으로 바꾸고 「る」를 붙이면 가능동사가 된다. 타동사의 경우 「を」를 「が」로 바꾼다.

> ※ Ⅲ類동사에 조동사 「aれる」를 붙여서 나타내는 표현도 있지만, 최근에는 그다지 사용되지 않고 있다.

・Ⅰ類・Ⅱ類동사	み る (보다)
	み れる (볼 수 있다)
	み られる (볼 수 있다.
・Ⅲ類동사	のむ [mu] のむ (마시다)
	のめ [me] ＋ る のめる (마실수 있다)

(3) 「できる」를 사용할 수도 있다.
「動作性名詞 ＋ ができる」

- ここならゆっくり話ができる。(여기라면 천천히 이야기를 할 수 있다.)

「動詞 + ことができる」
- 8時までに着くことができます。(8시까지 도착할 수 있습니다.)

(4)「する」의 가능형은「できる」
- 一人でします。　(혼자서 하겠습니다.)
- 一人でできます。(혼자서 할 수 있습니다.)

(5)「くる」의 가능형은「こられる」
- 9時30分まで来ます。　(9시30분까지 오겠습니다.)
- 9時30分まで来られます。(9시30분까지 올 수 있습니다.)

❷ [しか] [だけ]

(1)「しか」
「그것 뿐으로, 그 외에는 없다」라는 한정의 의미로, 국어의 「밖에」에 해당된다.

- 高校では英語しか習いませんでした。　(고교에서는 영어밖에 배우지 않았습니다.)
- 卒業まで3ヶ月しか残っていないです。(졸업까지 3개월밖에 남아있지 않습니다.)

(2)「だけ」
「그 외에는 없다」는 의미로, 국어의 「~만, ~한, ~뿐」에 해당된다.

- 教室には私だけです。　　　　　　(교실에는 저 뿐입니다.)
- 今年は女子社員だけ募集しています。(금년은 여사원만 모집하고 있습니다.)

- 英語だけ勉強する。　(영어만 공부한다.)
- 英語しか勉強しない。(영어밖에 공부하지 않는다.)

「だけ」는 긍정도 부정도 올 수 있다.

- これだけお願いします。(○)
- これだけはやりたくないです。(○)

「しか」는 대상의 경우에는 긍정이고, 그 외에는 모두 부정이 온다.

- これしかお願いします。(×)
- 君にしか教える。(○)
- 関係者は一人しかいません。(○)

1.

教え	る	→	教え	られ	る
覚え	ます		覚え	（可能）	ます
出	ました		出		ました
い			い		
見			見		

	（ます形）			（可能）	
話し	ます		話せ	ます	
立ち	ました		立て	ました	
買い			買え		
売り			売れ		
行き		→	行け		
こぎ			こげ		
遊び			遊べ		
飲み			飲め		
死に			死ね		

運転	します	→	運転	できる	
勉強	しました		勉強	できました	
運動			運動		

다음을 아래와 같이 표현해 보세요.

1. 日本語が話せますか。
   → はい、話せます。

   (1) この漢字が読めますか。
       → いいえ、
   (2) ピアノを弾くことができますか。
       → いいえ、
   (3) テニスができますか。
       → はい、

2. どんなスポーツができますか。(なんでも)
   → 何でもできます。

   (1) ゆうべ、よく寝られましたか。
       → はい、
       → いいえ、
   (2) いくつぐらい単語が覚えられましたか。(500語)
       →
   (3) どんな料理が作れますか。(てんぷら、うどんも)
       →
   (4) コンピューターができますか。(はい)
       →
   (5) どんな言葉ができますか。(日本語と英語、韓国語も)
       →
   (6) 日本人の名前が覚えられますか。(いいえ、なかなか)
       →

(7) 何でも食べられますか。
　　→ はい、
　　→ いいえ、

3.
> 日本語がわかりません。
> → 日本語がわからないじゃありませんか。

(1) だれも来ません。
　　→

(2) だれもいません。
　　→

(3) おいしいです。
　　→

(4) 安かったです。
　　→

(5) 安くなかったです。
　　→

(6) お金がありません。
　　→

(7) 休みです。
　　→

① 가능형으로 고치시오.

ます形	可能形	ます形	可能形
歩きます	歩けます	寝ます	寝られます
送ります		呼びます	
見ます		歌います	
持ちます		働きます	
手伝います		待ちます	
休みます		話します	
来ます		起きます	
洗濯します		走ります	

② 가능형을 사용해서 말하시오.

(1) 自転車に乗る。

→

(2) 図書館で本を借りる。

→

(3) 英語で電話をかける。

→

(4) 日本語の歌を歌う。

→

(5) 日本酒を飲む。

→

04

新幹線に乗ったことがあります

暇な時は本を読むときもあります。
智異山に登ったことがありますか。
趣味でかく程度です。
涼しくなりましたね。

新幹線に乗ったことがあります

새로 나온 단어

- のぼる(登る)　오르다, 등산하다
- せんたく(洗濯)　세탁
- けんか(喧嘩)　싸움
- ていど(程度)　정도
- つかれる(疲れる)　피곤하다, 지치다
- かない(家内)　(자기의)아내
- たいいん(退院)　퇴원
- したしい(親しい)　친하다
- そうじ(掃除)　청소
- ぐあい(具合)　사물의 상태, 건강상태
- さいきん(最近)　최근
- つきあい(付き合い)　교제, 사귐.
- しょうせつ(小説)　소설
- しょうちゅう(焼酎)　소주
- よわい(弱い)　약하다
- しゅみ(趣味)　취미

1. 休みの時は何をしますか。

… 本を読むときもありますが、友達に会うときもあります。

2. 日曜日は何をしますか。

… 掃除をしたり、洗濯をしたりするときもあります。

3. 日本に行ったことがありますか。

… はい、九州（きゅうしゅう）の福岡（ふくおか）へ一度行ったことがあります。

4. 富士山（ふじさん）に登ったことがありますか。

… いいえ、まだ一度もありません。

5. 日本の食べ物は好きですか。

… 私は一度も食べたことがありませんが、お寿司（すし）が

食べてみたいです。

6. 絵は好きですか。

… 絵をかくことはかくのですが、趣味でかく程度です。

7. お酒は好きですか。

… 飲むことは飲むのですが、つきあいで2〜3杯飲む程度です。

8. もう涼しくなりましたね。

… ええ、もう10月ですからね。

9. お父さんの具合はどうですか。

… おかげさまでよくなりました。

10. 金さんは日本語が上手になりましたね。

… ありがとうございます。先生のおかげです。

文法ノート

❶ 動詞의 連体形

동사가 명사(체언)을 수식할 경우는 기본형(사전형) 또는 기본형의 과거형(~た形)이 수식한다.

(1) 과거형(~た)
＜る앞 모음＞
I る는 る를 た로 바꾼다 : お ki る → おきた
e る는 る를 た로 바꾼다 : た be る → たべた
＜이것 외에는 마지막 글자로 구분한다＞
く・ぐ는 い로 바꾸고 た를 붙임 : かく→ かいた
ぬ・ぶ・む는 ん으로 바꾸고 だ를 붙임 : しぬ→ しんだ
う・つ・る는 っ(촉음)으로 바꾸고 た를 붙임 : かう→ かった
す는 し로 바꾸고 た를 붙인다. はなす → はなした
＜불규칙활용＞
くる → きた
する → した

❷ 기본형 + ときが (も. は) あります

'-ㄹ(을) 때가(도) 있습니다'라는 뜻을 표현할 때 사용한다.

● たまには 喧嘩する ときも あります。　(가끔은 싸움할 때도 있습니다.)
● 一人で 飲む ときが 多いです。　　　　(혼자서 마실때가 많습니다.)
● 高くない ときは 買って きてください。(비싸지 않을 때는 사 가지고 와 주세요.)

❸ (~た) + ことが (も) あります

'~ㄴ(은 / 는)적이 있습니다'라는 뜻으로 과거에 경험한 것을 표현할 때 사용한다.

- 京都には 行った ことが あります。　　(교토에는 간 적이 있습니다.)
- その映画は ビデオで 見た ことも あります。(그 영화는 비디오로 본 적도 있습니다.)
- 最近、山田さんに 会った ことが ありますか。(최근, 야마다씨를 만난적이 있습니까?)

❹ ～ く なります

'~게 됩니다', 즉 '~집니다'라는 뜻으로 변화를 나타낼 때 사용한다. 이 경우 명사나 형용사에도 사용할 수 있으며, '그렇게 되다, ~지다'와 같이 자동사의 의미로도 사용된다.

- 韓国は 9月から 涼しく なります。　　(한국은 9월부터 시원해 집니다.)
- 物価は 去年より 高く なりました。　　(물가는 작년보다 비싸졌습니다.)
- 夜に なると 静かに なります。　　　　(밤이 되면 조용해집니다.)
- 私は サラリーマンに なりたいです。(나는 샐러리맨이 되고 싶습니다.)

❺ A ことは Aですが

「AことはAですが」는 'A하는 것은(하기는) A합니다만'의 의미로 동사, 형용사, 형용동사 모두 사용 가능하다.

- 飲むことは飲むの (ん) ですが…。　　　　　(마시는 것은 마십니다만, …)
- にぎやかなことはにぎやかなの (ん) ですが…。(번화한 것은 번화합니다만, …)

1. 相撲を見る | ときもあります。
    昼はうどんを食べる
    日曜日はサッカーをする
    疲れたときは早く終わる
    忙しいときはタクシーに乗る

2. 日本料理を食べた | ことがありますか。
    先生に手紙を書いた
    奈良の東大寺に行った
    日本の小説を読んだ
    あの博物館に行った

3. 昨日から寒く | なりました。
    子供が大きく
    お陰さまでよく
    母は元気に
    町がにぎやかに

4. 趣味でかく | 程度です。
    出張で行った
    つきあいで飲む

5. 絵をかくことはかく | のですが、
    楽しいことは楽しい | （ん）
    静かなことは静かな

다음을 아래와 같이 표현해 보세요.

1.
> ソウルへ行ったことがありますか。(一度、家内)
> → はい、一度あります。家内と行きました。

(1) 日本の映画を見たことがありますか。(まだ、見たい)

→

(2) 寿司を食べたことがありますか。(一度も、食べたい)

→

(3) 高速鉄道に乗ったことがありますか。(よく、はやい)

→

(4) 韓国の焼酎を飲んだことがありますか。(一度、おいしい)

→

2.
> 体の具合はどうですか。(よい)
> → もう、よくなりました。

(1) 涼しくなりましたね。(もう、秋)

→

(2) もう退院ですか。(ええ、元気)

→

(3) 吉本さんは 何に なりたいですか。(銀行員)

→

3.

> 絵をかくことは知りませんでした。　(趣味でかく)
>
> → 絵をかくことはかくのですが、　趣味でかく程度です。

(1) 日本語が上手だとは知りませんでした。(あいさつをする)

→

(2) 日本について詳しいですね。(出張で行く)

→

(3) 英語はどうですか。(趣味で習う)

→

(4) 田中さんとは親しいですか。(会議で ＝ 度会った)

→

① 과거형(~た)으로 고치시오.

ます形	た形	ます形	た形
乗ります		帰ります	
登ります		変えます	
泳ぎます		弱いです	
急ぎます		辛いです	
読みます		暇です	
行きます		元気です	

② 다음을 일본어로 작문해 보세요.

(1) 버스를 탈 때도 있습니다.

　　→

(2) 결석한 적도 있습니다.

　　→

(3) 일을 도와 준 적도 많습니다.

　　→

(4) 겨울에는 6시쯤 어두워집니다.

　　→

(5) 점심은 우동을 먹을 때도 있습니다.

　　→

(6) 주말에는 친구와 영화를 볼 때도 있습니다.

　　→

• MEMO NOTE •

05

これがおいしいと
思います

기본문형

<ruby>南北問題<rt>なんぼくもんだい</rt></ruby>が大切だと思います。

韓国が勝つと思います。

宿題が多いと言いました。

第 **5** 課 これがおいしいと思います

새로 나온 단어

- なんぼく(南北)　남북
- しんせつ(親切)　친절
- せまい(狭い)　좁다
- せいせき(成績)　성적
- そつぎょうアルバム(卒業アルバム)　졸업앨범
- しつもん(質問)　질문
- まじめだ(真面目だ)　성실하다, 착실하다
- しょうがい(生涯)　평생
- せんしんこく(先進国)　선진국
- しよう(使用)　사용
- かつ(勝つ)　이기다
- じこ(事故)　사고
- だっせん(脱線)　탈선
- しんがっき(新学期)　신학기
- いけん(意見)　의견
- けっか(結果)　결과
- りゅうがく(留学)　유학
- しんせいひん(新製品)　신제품
- エネルギー　에너지
- しあい(試合)　시합

1. 韓国人についてどう思いますか。
   … 大変親切だと思います。

2. 東京についてどう思いますか。
   … 家が狭いし、物価が高いし、住みにくいと思います。

3. 昨日、日本で大きな事故がありました。
   …えっ、どんな事故ですか。
   電車が脱線しました。
   …そうですか。山田さんも知っていますか。
   今朝のニュースで見たと思いますが……。

4. 家に帰ったときは日本語で何と言いますか。
   … 「ただいま」と言います。

5. その時、家にいる人は何と言いますか。
   … 「おかえりなさい」と言います。

6. 先生が何とおっしゃいましたか。
   … 明日は休みだとおっしゃいました。

7. 昨日5時に学生会の会議がありました。
   … どんな会議でしたか。
   新学期の行事のことでした。
   … 何か意見を言いましたか。
   はい、卒業アルバムが高すぎると言いました。

① ～と 思います

'~라고 생각합니다'는 뜻으로, 추측할 때나 자신의 의견을 겸손하게 표현할 때 「と」를 붙혀서 사용한다. 「と」에 접하는 것은 현재형, 과거형, 부정, 긍정 등 보통체이면 모두 가능하다.

- 明日は 暑いと 思います。

  (내일은 덥다고 생각합니다(더울 것입니다).)

- 7時なら もう 帰ったと 思います。

  (7시라면 벌써 돌아갔다고 생각합니다 (돌아갔을 것입니다).)

- 福岡は 寒くないと 思います。

  (후쿠오카는 춥지 않다고 생각합니다 (춥지 않을 것입니다).)

- 雨だと 行かないと 思います。

  (비가 오면 가지 않을 것입니다.)

- 便利ですが、交通費が 高いと 思います。

  (편리합니다만, 교통비가 비싸다고 생각합니다.)

② ～と 言います

'~라고 말합니다(합니다)'라는 뜻으로 「と」를 붙혀서 의견을 말할 때 또는 인용할 때 사용한다. 「と」에 접하는 내용은 보통체이다.

- 山田さんは 電話で、今日は 休むと 言いました。

  (야마다씨는 전화로, 오늘은 쉰다고 말했습니다(했습니다).)

- 田中さんは 会議に 参加できないと 言いました。

  (다나카씨는 회의에 참가할 수 없다고 했습니다.)

● 朝は「おはようございます」と 言います。
(아침은 「오하요우고자이마스」라고 합니다.)
● 別れる ときは「さよなら」と 言います。
(헤어질 때는 「사요나라」라고 합니다.)
● 社長が 明日までだと おっしゃいました。
(사장이 내일까지다라고 말씀하셨습니다.)

❸ ~し、~し

'~하고(고),~하고(고)'의 뜻으로 어떤 상태나 동작을 나열하여 표현할 때 사용한다.동사, 형용사, 형용동사의 종지형에 「し」를 붙혀서 나타낸다.

● この 部屋は 明るいし、広いし、いいですね。
(이 방은 밝고, 넓고, 좋군요.)
● 地下鉄の 方が 早いし、安いし、便利です。
(지하철 쪽이 빠르고, 싸고, 편리합니다.)
● 試験も 終わったし、レポートも 出したし、遊びに 行きたいです。
(시험도 끝났고, 레포트도 냈고, 놀러가고 싶습니다.)
● 熱も あるし、せきも 出るし、かぜですね。
(열도 있고, 기침도 나오고, 감기군요.)

❹ 大変

「아주, 매우」의 뜻으로, 정도의 큰 것을 나타낼 때 사용한다.

● この 花は 大変 美しい。 (이 꽃은 아주 아름답다.)
● あの 人は 大変 喜んでいる。 (저 사람은 매우 기뻐하고 있다.)
● 電車が 大変 こんでいる。 (전차가 매우 복잡하다.)

❺ について

「~에 관해서, ~에 대해서」의 뜻으로, 동작이나 상태가 향하는 대상을 나타낼 때 사용한다. 비슷한 용법으로 「に対して」가 있다.

- 平和に ついて 話し合います。　　(평화에 관해서 서로 이야기합니다.)
- それに ついて 意見が あります。 (그것에 대해서 의견이 있습니다.)
- 質問に ついて 答えます。　　　(질문에 대하여 대답하겠습니다.)

> 위 문장은 모두 「に対して」로도 표현이 가능하지만, 다음과 같은 대체가 안되는 경우도 있다.
> - 教師に 対して 反抗を する。(○)
> - 教師に ついて 反抗を する。(×)

❻ ~ すぎる

「すぎる」(지나다, 통과하다)는 동사의 ます形, 형용사 / 형용동사 어간에 붙어서 '지나치다, 너무~하다'의 의미로 쓰인다.

- 働きすぎる　　(너무 일하다)
- 長すぎる　　　(너무 길다)
- まじめすぎる (지나치게 성실하다)

1. 韓国人は大変親切だ ｜ と　思います。
   自分の意見を言わない
   交通が便利になった
   彼は何にも言わなかった
   金さんなら野球ができる

2. 橋本さんもその話を聞いた ｜ と　言いました。
   やすかったら今日買う
   来週までは難しい
   その美術館は立派だ
   札幌は寒かった

3. 韓国の教育 ｜ についてどう思いますか。
   この質問
   会議の結果
   日本の経済
   最近の学生

4. 最近の子供はテレビを見 ｜ すぎます/すぎました
   朝ごはんを食べ
   きのう飲み
   日本の物価は高
   山田さんはまじめ

❶ 다음 단어를 사용하여 문장을 완성시켜 보세요.

おいしい　　親切だ　　高い　　交通が便利だ　　　言う

(1) 韓国の 食べ物は ＿＿＿＿＿と 思います。

(2) 東京で 買った パソコンは＿＿＿＿＿と 思います。

(3) ソウルは　それでも ＿＿＿＿＿と 思います。

(4) 田中さんは＿＿＿＿＿人だと 思います。

(5) 小林さんが＿＿＿＿＿すぎて 困りました。

❷ 다음 문장을 바꾸어서 일본어로 작문해 보세요.

(1) 飛行機に　乗ります。

　→ 鈴木さんは＿＿＿＿＿＿＿＿＿＿＿＿＿＿＿。

(2) 試合を　見に行くことができます。

　→ 吉田さんは＿＿＿＿＿＿＿＿＿＿＿＿＿。

(3) 山田さんは　知っています。

　→ 朴さんは＿＿＿＿＿＿＿＿＿＿＿＿＿＿＿。

다음을 아래와 같이 표현해 보세요.

1.

> 明日も雨が降ると思いますか。(はい)
> → はい、[明日も]降ると思います。

(1) 韓国製は どう 思いますか。(デザインがいい)
　　→

(2) 留学について どう 思いますか。(私はいい)
　　→

(3) 生涯教育について どう 思いますか。(いい制度)
　　→

(4) 山田先生の 講演は どうでしたか。(とても役に立つ)
　　→

2.

> 木村さんが 何か 言いましたか。(明日 地元に帰る)
> → 明日 地元に 帰ると 言いました。

(1) みんな どんな 意見でしたか。(休みが 足りない)
　　→

(2) 花見は どこが いいですか。(マキさんは 上野公園)
　　→

(3) 新製品について 課長は なんか 言いましたか。(売り上げには 自信がある)
　　→

3. 　新しいアパートは どうですか。(狭い)
　　→ 狭すぎて 困ります。

(1) 日本の物価は どうですか。(高い)
　　→

(2) 最近の子供は どうですか。(テレビを見る)
　　→

(3) 先進国のエネルギーの使用は どうですか。(使う)
　　→

06

생まれたところは
ソウルです

これは大人が読む漫画です。
あれはこの前読んだ本です。
もっと降ってくれるといいんですが…。

第 6 課 生まれたところはソウルです

새로 나온 단어

- まんが(漫画)　만화
- さがす(探す)　찾다, 수소문하다
- ちがう(違う)　다르다
- こんど(今度)　이번, 이 다음
- ポスト　우체통
- はれる(晴れる)　개다, 그치다
- しょるい(書類)　서류
- おかし(お菓子)　과자
- ようじ(用事)　볼일
- おみやげ(お土産)　토산품, (관광지)선물
- さんこうしょ(参考書)　참고서
- こしょう(故障)　고장
- わすれる(忘れる)　잊다, 잊어버리다
- けいざい(経済)　경제
- ぜんぶ(全部)　전부
- おくる(送る)　보내다
- せんきょ(選挙)　선거
- しやくしょ(市役所)　시청
- かんばつ(干ばつ)　가뭄
- ていあん(提案)　제안
- デジタルカメラ(=デジカメ)　디지털 카메라

1. 卒業したら、どんな会社に入りたいですか。

 … 休みが多い会社がいいですね。

2. どんな本を探していますか。

 … 詳しい説明がある参考書を探しています。

3. 昨日買ったパソコンが故障しました。

 … 本当、そんなこともあるんですね。

4. 先週の土曜日に会った人が田中さんでしょう。

 … いいえ、違います。あの人は鈴木さんです。

5. すみません、この前教えてもらった電話番号を忘れてしまいました。

 … また、教えましょうか。

 ええ、お願いします。今度はしっかりメモしておきます。

6. 田中さんはまだ来ないんですか。

 … 早く来てくれるといいんですが……。

7. 買いたかったデジカメは高いですね。

 … そうですね。少しでも安くしてくれるといいんですが……。

 聞いてみたらどうですか。

① 명사 수식

명사를 수식하는 방법에는 수식하는 단어의 종류에 따라 다르다.

① 명사 + 명사 = の
  ・私の かばん(내 가방)
  ・日本の 経済(일본 경제)
② 동사 + 명사 = 종지형(보통체)
  ・読む 本(읽는 책)
  ・読んだ 本(읽은 책)
③ 형용사 + 명사 = 종지형(보통체)
  ・暑い 夏(더운 여름)
  ・安かった 物価(쌌던 물가)
④ 형용동사 + 명사 = な(현재형) だった(과거형)
  ・静かな 教室 (조용한 교실)
  ・きれいだった 彼女 (예뻤던 그녀)

② 명사를 수식하는 문형

한국어와는 달리 일본어는 보통체의 종지형이 온다. 단 형용동사인 경우는 「~だ」「~な」가 된다.

映画を　見る　　　　人　(영화를 보는 사람)
　　　　見た　　　　人　(영화를 본 사람)
　　　　見ない　　　人　(영화를 보지 않는 사람)
　　　　見なかった　人　(영화를 보지 않았던 사람)

- 黄色い 花が 咲きました。
  (노란 꽃이 피었습니다.)
- 黄色かった 花が 赤く なりました。
  (노랬던 꽃이 빨갛게 되었습니다.)
- 静かな 町で 住みたいです。
  (조용한 마을에서 살고 싶습니다.)
- 静かだった 町が 急に にぎやかに なりました。
  (조용했던 마을이 갑자기 번화해졌습니다.)

❸ 동사의 명사형

한국어와 같이 일본어도 동사를 명사형으로 표현할 수 있다. 한국어의 경우는 보통 '~다'를 '~기'로 표현하면 되지만, 일본어는 「ます形」의 어간이 명사가 된다.

- やすむ   (쉬다, 휴식하다)
- やすみ ます   (쉽니다. 휴식합니다)
- やすみ   (휴식, 휴가, 방학)

> 형용사의 경우는 「い」를 「さ」로 바꾸면 명사가 된다.
> - たかい(높다)   →   たかさ(높이)
> - おもい(무겁다)   →   おもさ(무게)

❹ 先週

지나간 것을 표현할 때, '지난 주' '지난 달' '작년' 등과 같이 표현하고 있다. 일본어와 대조하여 보면 아래 표와 같다.

週		月		年	
先週	지난 주	先月	지난 달	去年	작년
今週	이번 주	今月	이번 달	今年	올해/금년
来週	다음 주	来月	다음 달	来年	내년

❺ ~てもらう

상대방에게 부탁해서 받는 경우에 「~て もらう」을 사용하는데, 「~て くれる」와는 구별하여 사용하여야 한다.

- 教えてもらう。 (가르쳐 받다)
- 山田さんから(に) 教えてもらう。 (야마다씨로부터(에게) 가르쳐 받다)
- 山田さんが 教えてくれた。 (야마다씨가 가르쳐주었다.)

> 일본어는 상대방에게 부탁해서 好意있는 동작을 받은 경우, 「상대방이 くれた」보다 「해 もらった」쪽이 일본어로서 자연스러운 표현이다.
> 따라서, 다음과 같은 「医者に 見てもらった 方が いいです。」와 같은 문장은 한국인이 자연스럽게 표현하기 어려운 문형이다. 따라서 이러한 문장은 몇 문장 암기하는 것이 좋겠다.

- 医者に 見て もらった 方が いい。

  (의사에게 보여 받는 쪽이 좋겠다.) → (의사에게 보이는 쪽이 좋겠다.)
- この 手紙を ポストに 入れて もらいたい。

  (이 편지를 우체통에 넣어 받고 싶다.) → (이 편지를 우체통에 넣어 주었으면 한다.)

⑥ ~ と いいですが …

'~면 좋겠습니다만…'의 뜻으로, 자신의 희망을 표현할 때 사용한다.

- 明日は 晴れて くれると いいですが …
  (내일은 개여 주면(개이면)좋겠습니다만 …)
- 全部 食べてくれると いいんですが …
  (전부 먹어주면 좋겠습니다만 …)

1. 習います　⇒　私が習う外国語は英語です。
　 見ます　　　　一緒に見る映画は「友達」です。
　 送ります　　　今日送る書類はもうできましたか。
　 住みます　　　安田さんが住んでいる家は庭が広いです。

2. 覚えました　⇒　昨日覚えた単語をもう忘れました。
　 出ました　　　あの人が選挙に出た人です。
　 送りました　　昨日送った書類は届きましたか。
　 住みました　　この前住んでいたアパートは 狭かったです。

3. もっと降る　⇒　もっと降ってくれるといいんですが
　 早く来る　　　　早く来てくれるといいんですが
　 うまく言う　　　うまく言ってくれるといいんですが
　 食べる　　　　　喜んで食べてくれるといいんですが

다음을 아래와 같이 표현해 보세요.

1.
> 私が 作りました (本棚)
> → 私が 作った 本棚です

　(1) 日本の 友達から もらいました。(お菓子)
　　　→
　(2) 食事の 後に 飲みます。(かぜ薬)
　　　→
　(3) 私のとなりに 座りました。(人)
　　　→

2.
> 日本語を 使います(機会)
> → 日本語を 使う機会が あります / ありませんでした

　(1) 彼氏と 会います。(約束)
　　　→
　(2) 今度の 夏休みには 本を 読みます。(時間)
　　　→
　(3) 今日は 市役所へ 行きます。(用事)
　　　→

3.
> この 雨では 干ばつはね...
> → もっと 降ってくれると いいんですが...

　(1) 田中さんは まだ 来ないんですか。
　　　→＿＿＿＿＿＿＿＿てくれると いいんですが。
　(2) 今日も 雨ですね。
　　　→ そうですね。＿＿＿＿＿＿でくれると いいんですが。

❶ 다음 단어를 사용하여 문장을 완성시켜 보세요.

| 写真 | お土産 | 雑誌 | 意見 | 電話 |

(1) 修学旅行で 撮った _____ です。

(2) 今度の会議で 提案する _____ です

(3) 日本から 送ってきた_____、見せてください。

(4) 日本の友達が 持ってきた _____ です。

(5) さっき かかってきた_____は だれですか。

❷ 다음을 일본어로 작문해 보세요.

(1) 언제 만든 우유입니까?

　　→

(2) 유학할 돈이 없습니다.

　　→

(3) 좋아하는 여자친구가 아직 없습니다.

　　→

(4) 매운 라면이 일본에서 인기가 있습니다.

　　→

(5) 시원해지면 좋겠습니다만 …

　　→

07

早く覚えるには、
どうしたらいいですか

暇なとき、テレビを見ます。
捨てるしか方法がなかった。
早く覚えるには、どうしたらいいですか。

第**7**課 早く覚えるには、
　　　　どうしたらいいですか

새로 나온 단어

- すてる(捨てる) 버리다
- ほうほう(方法) 방법
- げんきん(現金) 현금
- こまかい(細かい) 잘다. 세밀하다.
- りょうがえき(両替機) 잔돈 교환기
- にもつ(荷物) 짐
- たっきゅうびん(宅急便) 택배
- のりば(乗り場) 승차장
- げんかん(玄関) 현관
- ごかい(誤解) 오해
- まえもって(前もって) 사전에
- じじょう(事情) 사정
- ちょうし(調子) 상태. 컨디션
- かいさい(開催) 개최
- つゆ(梅雨) 장마
- マナー 매너. 자세
- クーラー 에어컨
- だんぼう(暖房) 난방
- かくにん(確認) 확인

- ボタン 버튼. 단추
- しかた(仕方) 방법. 수단.
- ラーメン 라면
- ぬるい 미지근하다
- パスポート 여권
- のど(喉) 목
- かわく(乾く) 마르다. 건조하다.
- れいぞうこ(冷蔵庫) 냉장고
- しょうゆ(醤油) 간장
- ごかい(誤解) 오해
- たしかめる(確かめる) 확인하다.
- はじ(恥) 수치. 치욕
- こうさてん(交差点) 교차로
- ゆうがた(夕方) 저녁때. 해질 녘.
- けっこう(決行) 결행
- なっとく(納得) 납득

1. バスに乗るとき、バスカードが要りますか。

　　… 現金でもかまいません。

2. 細かいお金がないとき、どうしますか。

　　… 両替機を使います。

3. 荷物が多いとき、どうしますか。

　　… そうですね。やはり宅急便を利用するしかないですね。

4. 大学に行くバス乗り場はどこでしょうか。

　　… この道をまっすぐ行くと、左側にあります。

5. 手続きをするところはどこでしょうか。

　　… 本館の玄関を入ると、右側にあります。

6. すみませんが、駅に行くには、どうしたらいいでしょうか。
　　… ここからはバスがないですから、タクシーで
　　　　行くしかないですね。

7. 誤解されないようにするには、どうしたらいいですか。

　　… 前もって事情を説明した方がいいですね。

8. 誰にでも分かるようにするには、どうしたらいいですか。
　　… 絵や図を使うしかないですね。

❶ 동사 + とき

「とき(時)」도 명사이기 때문에 명사를 수식하는 경우와 같다.
의미는 한국어 '때'에 해당함으로 쉽게 표현할 수 있다.

- 本を読むとき、声を出します。　　　　(책을 읽을 때, 소리를 냅니다)
- 彼女に会ったとき、聞いてみました。 (그녀를 만났을 때, 물어보았습니다)
- 体の調子が悪いとき、薬を飲みます。 (몸이 좋지 않을 때, 약을 먹습니다)
- 暇なとき、遊びに来ませんか。　　　　(한가할 때, 놀러오지 않겠습니까?)

❷ ～しかない

「しか」(밖에) + 「ない」(없다), 즉 '-밖에 없다'는 의미를 나타내는 표현이다.

- 行くしかない。　　　　　　　　　(갈 수 밖에 없다)
- 彼が来るまで待つしかない。　　　(그가 올 때까지 기다릴 수 밖에 없다)
- 学校をやめるしか方法がない。　　(학교를 그만두는 수밖에 방법이 없다)

❸ 동사현재형 + と

선행절에 의해서 후속절이 일어나는 경우에 사용하는 표현으로, 한국어의 「-면」과 유사하다.
문형은 동사의 현재형, 형용사의 현재형, 형용동사의 현재형, 명사 + だ(です)의 뒤에 붙어서 표현된다.

- 雨が降ると、　　　　　　　　(비가 오면)
- 雨が降りますと、　　　　　　(비가 오면) - 정중형
- 雨が降らないと、　　　　　　(비가 오지 않으면)
- 部屋の中が暑いと、　　　　　(방안이 더우면)
- 部屋の中が暑くないと、　　　(방안이 덥지 않으면)
- 日本語が上手だと、　　　　　(일본어를 잘하면)
- 日本語が上手ですと、　　　　(일본어를 잘하면) - 정중형
- 日本語が上手ではないと、　(일본어를 잘하지 못하면)

　비슷한 용법으로「～ば」「～たら」「～なら」가 있다. 구체적인 설명은 제 10과에서 학습하기로 하고 여기서는 간단하게 소개한다.

①「～ば」(가정형)
・동　　　사 : 마지막 음절(글자)을 e단으로 바꾸고「ば」를 붙인다.
　　　　　　　行く[ku] → 行け[ke] + ば ⇒ 行けば(가면)
・형 용 사 :「い」를 빼고「ければ」를 붙인다.
　　　　　　　おいしい → おいし + ければ ⇒ おいしければ(맛있으면)
・형용동사 : 없음.
②「～たら」(「た」과거형에「ら」가 붙은 형태)
・동　　　사 : 乗る → 乗った + ら ⇒ 乗ったら(타면)
・형 용 사 : 高い → 高かった + ら ⇒ 高かったら(비싸면)
・형용동사 : 静かだ→静かだった + ら⇒ 静かだったら(조용하면)
③「～なら」
・동　　　사 : 원형 +「なら」
　　　　　　　食べる +「なら」⇒ 食べるなら(먹으려면)
・형 용 사 : 원형 +「なら」
　　　　　　　安い +「なら」⇒ 安いなら(싸다면)
・형용동사 : 어간 +「なら」
　　　　　　　静かだ → 静か +「なら」⇒ 静かなら(조용하다면)

단, 과거형인 경우는 동사, 형용사, 형용동사 모두, 과거형 「た」에 「なら」를 붙이면 된다.

- 静かだ → 静かだった ⇒ 静かだった<u>なら</u>(조용했다면)

④ ～ようにするには

'-하게 하는 데에는'의 표현에 쓰인다. 주로 「どうしたらいいですか」가 붙는 것이 일반적이므로 간단한 문장을 숙지해두면 편리하다.

- みんな参加できるようにするには、どうしたらいいですか。

  (모두 참가할 수 있도록 하는 데에는, 어떻게 하면 좋습니까?)
- 覚えるようにするには、どうしたらいいですか。

  (외우도록 하는 데에는 어떻게 하면 좋습니까?)

⑤ でも

격조사 「で」 + 부조사 「も」의 형태. **'-라도'**의 표현에 쓰인다.
장소, 때, 수단 등에 첨가의 뜻을 나타낸다

- 東京だけでなく、大阪でも開催する。　(동경뿐만 아니라 오사카에서도 개최한다.)
- 雨でも決行する。　　　　　　　　　(비라도 결행한다.)
- 誰でもできる。　　　　　　　　　　(누구라도 알고 있다.)
- 会えるならいつでもいい。　　　　　(만날 수 있다면 언제라도 좋다.)

1.　買い物に行く　｜　とき、　｜　母と行きます。
　　家へ帰る　｜　｜　地下鉄を利用します。
　　学校へ行かない　｜　｜　友だちに会います。
　　道がわからない　｜　｜　地図を見ます。

2.　朝早く起きる　｜　とき、　｜　散歩をします。
　　電話をかける　｜　｜　マナーを守ります。
　　運転する　｜　｜　注意してください。
　　学校へ来る　｜　｜　バスで先生に会いました。

3.　暑い　｜　｜　とき、クーラーをつけます。
　　寒い　｜　｜　暖房を入れます。
　　暇な　｜　｜　絵を描きます。
　　変な　｜　｜　確認します。

4.　覚える　｜　しか　｜　方法がないですね。
　　待つ　｜　｜　方法がなかった。
　　歩く　｜　｜　仕方がなかった。

5.　この道をまっすぐ行く　｜　と、　｜　右側にあります。
　　このボタンを押す　｜　｜　ラーメンが出ます。
　　ジュースがぬるい　｜　｜　氷を入れてください。

6. 早く覚えるには、どうしたらいいですか。

あのお寺に行くには、どう行ったらいいでしょうか。

この部屋から出るには、どうしたらいいでしょうか。

上手になるには、何に気をつけたらよいでしょうか。

다음을 아래와 같이 표현해 보세요.

1. 買い物をします。カードを使います。
   → 買い物をするとき、カードを使います

   (1) 会社へ行きます。友だちに会います。
       →
   (2) 作文を書きます。辞書を使います。
       →
   (3) 海外に出かけます。パスポートを忘れないでください。
       →
   (4) 喉が乾きます。冷蔵庫のジュースを飲みます。
       →

2. 涼しいです。家族と出かけます。
   → 涼しいとき、家族と出かけます。

   (1) 味が薄いです。醤油を入れます。
       →
   (2) お腹が痛いです。医者に診てもらいます。
       →
   (3) 暇です。友だちと映画を見ます。
       →

3.

> ここから駅に行きます。どうしますか。
> → ここから駅に行くには、どうしたらいいですか。

(1) 漢字を早く覚えます。どうしますか。
  →

(2) あの人に会ってもらいます。どうしますか。
  →

(3) 誤解されないようにします。どうしますか。
  →

4.

> 続けます。やめます。決めます。
> → 続けるかやめるか決めるしかありません。

(1) 行きますか。どうですか。本人に聞きます。
  →

(2) 安全ですか。どうですか。調べてみます。
  →

(3) 本物ですか。どうですか。確かめます。
  →

5.

> 春になります。花が咲きます。
> → 春になると花が咲きます。

(1) 夕方になります。町へ出て行きたくなります。
  →

(2) 慣れた人です。そんなにおどろきません。
  →

(3) それぐらいのことは知りません。恥をかくでしょうね。
  →

❶ 다음 단어를 사용하여 문장을 완성시켜 보세요.

言います　　　曲がります　　　答えます　　　経^たちます

(1) イエスかノーか(　　　　)しかありません。

(2) 六ヶ月(　　　　)と自然_{しぜん}に日本語が上手になります。

(3) お礼を(　　　　)とき、「ありがという」と言います。

(4) この先の交差点_{こうさてん}を左へ(　　　　)と、右側に郵便局があります。

❷ 다음을 일본어로 작문해 보세요.

(1) 잠이 올 때, 커피를 마십시다.
　　→

(2) 그를 납득시키려면, 어떻게 설명하면 좋을까요.
　　→

(3) 6월이 되면, 장마가 시작됩니다.
　　→

(4) 미리 연락할 수밖에 없겠군요.
　　→

● MEMO NOTE ●

08

電話番号を教えて
もらいました

기본문형

こうさてん てまえ
交差点の手前で止めてください。

読んだら貸してあげます。

木村さんから教えてもらいました。

私にも使わせてください。

第8課 電話番号を教えてもらいました

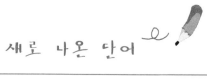

새로 나온 단어

- てまえ(手前) 자기에게 가까운곳.
- しんごう(信号) 신호
- かす(貸す) 빌려주다. 돕다
- きんかくじ(金閣寺) 금각사
- えらぶ(選ぶ) 선택하다
- まんが(漫画) 만화
- つれる(連れる) 데리고 가다
- ていしゅつ(提出) 제출
- おことばにあまえて(お言葉に甘えて) 염치 불구하고
- さそう(誘う) 권하다. 유혹하다
- しょうかい(紹介) 소개
- くうこう(空港) 공항
- ぶんか(文化) 문화
- ししゅう(詩集) 시집
- おおそうじ(大掃除) 대청소
- せいもん(正門) 정문
- たりる(足りる) 충분하다. 족하다
- しんせき(親戚) 친척
- かおじゃしん(顔写真) 증명사진
- はらう(払う) 지불하다

1. 金閣寺に行きたいんですけど…。

   … 次の信号を右に曲がってください。

   はい、次の信号を右ですね。早く金閣寺に行きたいな。

2. コーヒーか紅茶かどちらかを選んでください。
   … そうですね。私は紅茶にします。

3. この間の漫画、全部読んだら貸してください。

   … あ、ごめんなさい。もう佐藤さんに貸してあげました。

4. 田中さんに電話番号を教えてあげましたけど。
   … そうですか。でもまだ電話がありませんね。

5. 昨日、橋本さんに旭川の動物園へ連れて行ってもらいました。
   … そうですか。最近ずごい人気ですよね。

6. 先週のレポートは出しましたか。

   … はい、もう先生に提出しましたよ。

   難しくなかったんですか。

   … いいえ、難しかったです。それで先輩に見せてもらいました。

7. この間おごってもらいましたから今日は私が出します。
   … いいんですか。じゃ、お言葉に甘えてごちそうになります。

8. これが新しくきたパソコンですか。

… はい、昨日きました。ちょっと、使わせてください。

9. 今日は私が払いますよ。

… いや、今日は私が誘ったから、払わせてください。

えー、ごちそうになります。

❶ あげる · くれる · もらう

「あげる」 : [私]가 <相手>에게 주는 것.
「くれる」 : <相手>가 [私]에게 주는 것.
「もらう」 : [私]가 <相手>에게서 받는 것.

한국어는 「あげる」「くれる」 모두 「**주다**」로 번역되므로, 주어에 주의하여 오용이 없도록
해야한다.

- 私は山田さんにお土産をあげました。　　（나는 야마다씨에게 선물을 주었습니다.）
- 山田さんは私にお土産をくれました。　　（야마다씨는 나에게 선물을 주었습니다）
- 私は田中さんからお土産をもらいました。（나는 야마다씨에게(로부터) 선물을 받았습니다.）

❷ ～て あげます(もらいます · くれます)

「あげる」「もらう」「くれる」는 동사 「て형」에 붙어서 「～**하여 주다**」「～**하여 받다**」
는 뜻으로 쓰인다. 문형은 한국어의 구조와 유사하다.

(1) ～て あげる
　　상대방에게 어떤 행위를 「어떻게 해 줄」 경우 사용하는 표현이다.

- 私は子供に本を読んであげました。　　　（나는 아이에게 책을 읽어주었습니다.）
- 私は佐藤さんにお金を貸してあげました。（나는 사토씨에게 돈을 빌려주었습니다.）
- 私は知らない人に道を教えてあげました。（나는 모르는 사람에게 길을 가르쳐 주었습니다.）

이것과 비슷하게 사용되는 문형으로,「ましょうか」(할까요?)을 사용하는 경우도 있지만, 한국어와 유사함으로 대조하여 숙지하도록 하여야겠다.

- 呼んであげましょうか。 (불러드릴까요?)
- 呼びましょうか。　　　　(부를까요?)

(2) ～て もらいます

　　상대방으로부터 어떤 행위를「어떻게 해 받을 경우」에 사용하는 표현이다.

- 私は金さんに新しいアパートを紹介してもらいました。
  (나는 김씨에게서 새 아파트를 소개해 받았습니다.)
  (= 김씨가 나에게 새 아파트를 소개해 주었습니다.)
- 私は田中さんに日本語を教えてもらいました。
  (나는 다나카씨에게서 일본어를 가르쳐 받았습니다.)
  (= 다나카씨가 나에게 일본어를 가르쳐 주었습니다.)

※ A(감사를 베푼이)와 B(감사를 받은이)인 경우, 일본어는 받는 쪽의 감사의 뜻이 담겨 있는 표현은「Bは Aに ～てもらいました」가 자연스럽다.
따라서, 한국어와 표현의 차이가 있으므로 숙지해 두는 것이 편리하다.

<은혜를 베푼 감사의 뜻이 담긴 문>
- Bは Aに ～ てもらいました (자연스러운 일본어)
- Aが Bに ～ てくれました　 (자연스럽지 못함)

(3) ～て くれます

　　상대방이 어떤 행위를「어떻게 해 주는 경우」에 사용하는 표현이다. 따라서 주는 행위자가 주어가 된다.

- 木村さんがお金を払ってくれました。　(기무라씨가 돈을 지불해 주었습니다.)
- 空港まで迎えに来てくれました。　　　 (공항까지 마중 나와 주었습니다.)

❷ ~(さ)てください

「사역형」 + て ください의 문형으로 상대방에게 양해를 구하고 행위를 한다는 의미로, 「~ます」보다 더 겸손한 표현으로 자주 사용된다. 이 경우도 한국어에는 없는 문형이므로 숙지해 두는 것이 편리하다.

- 私が払います。　　　　　(내가 지불하겠습니다)
- 私に払わせてください。　(나에게 지불하도록 해 주십시오.)

(1) 사역형
 · 1단동사 : 「る」 대신에 「させる」를 붙인다.
　　　　　　食べる (먹다) → 食べさせる (먹게 하다. 먹이다)
 · 5단동사 : 마지막 음절 「u段」을 「a段으로 바꾸고 「せる」를 붙인다.
　　　　　　読む(mu) (읽다) → 読ま(ma) + せる → 読ませる (읽게 하다. 읽히다)

(2) 사역형 + てください。
 「~하게 해 주십시오」의 의미로 상대방에게 양해를 구하고 행위를 한다는 것이므로, 의미는 어렵지 않다.

- 私に意見を言わせてください。
 (저에게 의견을 말하게 해 주십시오.)
 (= 제가 의견을 말하겠습니다.)
- ちょっと休ませてください。
 (잠깐 쉬게 해 주십시오.)
 (= 잠깐 쉬겠습니다.)

1. 次の信号を右に曲がっ ┊ て ください。
  交差点の手前で止め ┊ て
  どちらかを選ん ┊ で
  名前と住所を書い ┊ て

2. 山田さんは私に ┃ 日本文化の本 ┊ をくれました。
  CD
  お土産

3. 私は田中さんに ┃ キムチ を ┊ あげました。
  化
  詩集

4. 電話番号を 教えて ┊ あげました。
  韓国語の意味を説明して
  韓国料理を作って

5. 私は林さんに ┃ 動物園へ連れていって ┊ もらいました。
  大掃除を手伝って
  お金を貸して
  参考書を見せて

6. 田中さんは私に　　顔写真を撮って　　くれました。

　　　　　　　　　　お菓子を出して

　　　　　　　　　　プレゼントを買って

　　　　　　　　　　傘を貸して

7. 　　使わせて　　ください。

　　　払わせて

　　発表させて

　　結婚させて

練習 II

다음을 아래와 같이 표현해 보세요.

1. ┌───┐
   │ どこで止めましょうか。(右に曲がる)   │
   │ → あ、右に曲がって止めてください。   │
   └───┘

   (1) どこで止めましょうか。(次の信号)
   　　　→
   (2) どこで止めましょうか。(交差点の手前)
   　　　→
   (3) どこで止めましょうか。(学校の正門)
   　　　→

2. ┌──┐
   │ だれが連絡しますか。(連絡してもらう、私が)   │
   │ → この間連絡してもらいましたから、今度は私がします。 │
   └──┘

   (1) だれが掃除しますか。(掃除してもらう、今日は私が)
   　　　→ この間
   (2) だれが残りますか。(残ってもらう、今日は私が)
   　　　→ この間
   (3) だれがやりますか。(無理してもらう、今度は私ががんばる)
   　　　→ この間

3.

> 道が分かりません。(教えます)
> → 教えてあげましょうか。

(1) 電話番号を忘れました。(もう一度教えます)
　　→

(2) 自転車をなくしました。(貸します)
　　→

(3) お金が足りないんです。(いったん、私が払う)
　　→

(4) 雨が降り出しました。(傘を貸します)
　　→

4.

> だれがキムチを送ってくれましたか。(母)
> → 母が送ってくれました。

(1) だれが日光に連れて行ってくれましたか。(日本の友だち)
　　→

(2) だれが空港まで送ってくれましたか。(親戚)
　　→

(3) だれがお金を払ってくれましたか。(課長)
　　→

(4) だれが紹介してくれましたか。(後輩)
　　→

1 다음 문장을 읽고 알맞은 단어에 ◯ 표시하세요.

(1) 私は田中さんにしょうゆを取って (くれました。 / あげました。)

(2) 私は金さんに銀行を案内して (くれました。 / もらいました。)

(3) 私は山田さんに本を (あげました。 / くれました。)

(4) 私は林さんに連れてきて (もらいました。 / くれました。)

2 다음을 일본어로 작문해 보세요.

(1) 나는 야마다씨에게 CD를 빌려 주었습니다.

　　 →

(2) 김씨가 사진을 찍어 주었습니다.

　　 (= 나는 김씨에게서 사진을 찍어 받았습니다.)

　　 →

(3) 제가 가겠습니다.

　　 (= 저에게 가도록 해 주십시오)

　　 →

09

働きながら勉強します

ラジオを聞きながら勉強しています。
テレビばかり見ないで、散歩に出かけませんか。
二月だというのに、暖かいです。

働きながら勉強します。

새로 나온 단어

- ● ながら勉強 다른것을 병행하며 공부하는 것.
- ● とりしまり(取締り) (교통)단속
- ● えらい(偉い) 대단하다. 위대하다.
- ● おんち(音痴) 음치
- ● じょうだん(冗談) 농담
- ● 気をつける 신경쓰다.
- ● ふえる(増える) 늘다. 증가하다
- ● やさい(野菜) 야채
- ● じゅく (塾) 학원
- ● たおれる(倒れる) 쓰러지다. 넘어지다.
- ● つゆ(梅雨) 장마
- ● ねむい(眠い) 졸리다
- ● そうだん(相談) 상담
- ● すく(空く) (배)고프다, 비다
- ● しょくよく(食欲) 식욕
- ● ひるま(昼間) 낮
- ● おんがく(音楽) 음악

1. 山田さんは何をしていますか。
　… ラジオを聞きながら勉強しています。ながら勉強ですね。

2. 電話をかけながら運転すると危ないです。
　… だから取締りをしているんじゃありませんか。

3. 彼女は会社に通いながら大学で勉強しています。
　… そうですか。それは偉いですね。私にはできないな。

4. テレビばかり見ないで、散歩に出かけませんか。
　… あ、それいいですね。じゃ、そうしましょうか。

5. せっかくカラオケに来たんだから、そんな所に立っていないで歌いませんか。
　… 歌ですか。私は音痴なんです。

6. 冗談ばかり言わないで、たまにはまじめな話もしたらどうですか。
　… すみません。これから気をつけます。

7. 体重が増えて心配です。
　… 肉ばかり食べないで、野菜も食べた方がいいですよ。

8. 二月だというのに、暖かいですね。
　… もうすぐ春ですからね。

9. 田中さんどうかしたのかな。
　… どうしてですか。旅行に行くというのに、ホテルの予約もしていないんです。変でしょう。

文法ノート

❶ ます形 + ながら

「A하면서B」라는 의미로, ます形에 붙어서 표현한다.

- 食べます　　 (먹습니다)
- 食べながら　 (먹으면서)
- テレビを見ながら食事をしています。　　(텔레비전을 보면서 식사를 하고 있습니다.)
- 働きながら勉強しています。　　　　　　(일하면서 공부하고 있습니다.)
- コーヒーを飲みながらタバコを吸っています。

　　　　　　　　　　　　　　(커피를 마시면서 담배를 피우고 있습니다.)
- 運転しながら話しています。　　　　　(운전하면서 이야기하고 있습니다.)

❷ て形 + いる

'하고 있다'의 의미로 어떤 행위의 진행과 되풀이되는 습관을 나타낼 때 사용하는 표현이다.

- 手紙を書いている。
- 本を読んでいる。
- パンを作っている。

<되풀이되는 습관적인 표현은 문장 중에 반복을 나타내는 단어 <毎晩, 毎日, 毎朝>가 있기 때문에 어려운 표현은 아니다.

- 私は毎朝インターネットで日本の新聞を読んでいます。

　　(나는 매일 아침 인터넷에서 일본 신문을 읽고 있습니다.)
- 大学の時は毎日コンピューターの塾に通っていました。

　　(대학시절에는 매일 컴퓨터학원에 다니고 있었습니다. (다녔습니다))

단, 한국어와 다른 것은, 순간적인 동사 뒤에 붙어서 상태를 나타내는 경우가 있다.

- 倒れる(쓰러지다)
  - → 倒れている (쓰러져있다.(o) 쓰러지고 있다(×))
- 道路に木が倒れている。(도로에 나무가 쓰러져 있다.)

❸ ~ばかりしないで、

「ばかり」(만, 밖에) + 「しないで」(하지말고)라는 구조로 한국어의 '~만 하지말고'라는 의미로 표현되는 문형이다.

- テレビばかり見ないで、本も読んでください。

  (텔레비전만 보지말고, 책도 읽으세요(읽어주세요).)
- インターネットばかりしないで、運動したほうがいいですよ。

  (인터넷만 하지말고, 운동하는 편이 좋아요.)
- 冗談ばかり言わないで、まじめに言ってよ。

  (농담만 하지말고, 진담으로 말해요.)

❹ ~というのに、

'~라고 하는데, (그렇지 않다)'라는 의미로, 생각했던 것(보통 때)과 다를 때 사용하는 표현이다.

- まだ二月だというのに、すっかり暖かくなりましたね。

  (아직 2월인데, 완전히 따뜻해졌군요.)
- もう秋だというのに、昼間はまだ暑いですね。

  (이제 가을인데, 낮에는 아직 덥군요.)
- 雨が降っているというのに、傘もささないで歩いている。

  (비가 내리고 있는데, 우산도 쓰지 않고 걷고 있다.)

1.　　　　　ラジオを聞き　　　　　┊　　ながら勉強しています。
　　　　　コーヒーを飲み　　　　┊
　　　　　　辞書を見　　　　　　┊
　　　　　単語を書き　　　　　　┊
　　　　　二人で話をし　　　　　┊

2.　　音楽ばかり聞かないで、　　　本でも読んでみませんか。
　　サッカーばかりしないで、
　　　テレビばかり見ないで、
　　けんかばかりしないで、

3.　友だちと　┊　カラオケで歌って　┊　います。
　　　　　　┊　英会話塾に通って　┊
　　　　　　┊　同じ会社に勤めて　┊
　　　　　　┊　同じ趣味を持って　┊

4.　　二月だ　┊　　　　というのに、　┊　もう暖かいですね。
　　梅雨だ　┊　　　　　　　　　　┊　全く雨が降りませんね。
　　　秋だ　┊　　　　　　　　　　┊　まだ暑いですね。
　　早く寝た　┊　　　　　　　　　┊　まだ眠いです。

다음을 보기와 같이 말해 봅시다.

1. お茶でも飲みながら話しませんか。(今はちょっと、一時間後)
→ 今はちょっと、一時間後ならいいですが。

(1) 歩きながら話しませんか。(あまり時間がない。ちかく)
→

(2) 飲みながら相談したいことがありますが。(夜遅く、よい)
→

(3) もうちょっと詳しく説明してくださいませんか。(写真)
→

2. テレビを見ます。テニスをします。
→ テレビばかり見ないで、テニスでもしませんか。

(1) ピアノを引きます。歌を歌います。
→

(2) 本を読みます。旅行に行く。
→

(3) 後ろに立っています。あいている席に座ります。
→

(4) 中国料理を食べます。韓国料理を食べます。
→

3.

> どうかしたんですか。(3月。寒い)
> → 3月なのに、まだ寒いですね。

(1) どうかしたんですか。(時間。まだ来ない)
→

(2) どうかしたんですか。(お腹がすく。食欲がない)
→

(3) どうかしたんですか。(あした試験。勉強していない)
→

4.

> 朝はどんな番組を見ていますか。(日本のニュースを見ます)
> → 日本のニュースの番組を見ています。

(1) どんな勉強をしていますか。

(日本語の勉強をしながら英語の勉強もします)
→

(2) 日曜日は何をしていますか。

(子供と遊んだり、買い物に行ったりします)
→

(3) 通学のバスの中で何をしていますか。

(町の風景を見ながら授業のことを考えます)
→

❶ 다음 단어를 사용하여 문장을 완성시켜 보세요.

働く　　　言う・話をする　　　行く　　　作る

(1) 食堂で(　　　　)ながら韓国料理を習っています。

(2) 私は朝早く起きてパンを(　　　　)ています。

(3) 冗談ばかり(　　　)ないで、まじめな(　　　　　)たらどうですか。

(4) 旅行に(　　)というのに、ホテルの予約もしてない。

❷ 다음을 일본어로 작문해 보세요.

(1) 과일만 먹지 말고 차도 드세요.

→

(2) 아이스크림을 먹으면서 이야기했습니다.

→

(3) 한여름인데 시원하군요.

→

(4) 시청에 가면서 서점에 들렀습니다.

→

• MEMO NOTE •

10

卒業したら、
会社をつくりたいです

できたら、他のものがいいですね。
うどんならこの先に行きつけの店が・・・。
よく働くし、皆から好かれています。

새로 나온 단어

- ゆきつけ(行きつけ) 자주가는. 단골.
- はでだ(派手だ) 화려하다.
- こんや(今夜) 오늘밤
- やきにく(焼肉) 불고기
- いけばな(生け花) 꽃꽂이
- こうえん(講演) 강연
- ろんり(論理) 논리
- はなみ(花見) 꽃구경
- しょくご(食後) 식후
- おおめにみる(大目に見る) 너그러이 봐주다
- ひつよう(必要) 필요
- しょうせつ(小説) 소설
- しゅるい(種類) 종류
- けんさ(検査) 검사
- きゅうりょう(給料) 월급
- ひんしつ(品質) 품질
- けいけん(経験) 경험
- あたまがかたい(頭が固い) 융통성이 없다.
- まいご(迷子) 미아
- ぺらぺら 술술(잘 구사하는 모양)
- しつど(湿度) 습도
- ちゅうもん(注文) 주문

1. この色はどうですか。

　　… ちょっと派手ですね。できたら、他の色がいいですね。

2. おもしろそうな本ですね。読んだら貸してください。

　　… あ、私のじゃないんです。田中さんのです。

　　　田中さんに聞いてみてください。

3. もしホテルの部屋がなかったらどうしますか。

　　… 前もって予約しておきましたから大丈夫です。

4. この漢字の意味が分かりません。

　　… 分からない漢字は漢和辞典を見たらありますよ。

5. てんぷらなら「天ちゃん」が有名です。

　　… そうですね。私も行ってみましたが、おいしかったです。

6. 今夜は焼き肉にしますか。

　　… あ、焼き肉なら「焼き肉太郎」に行きましょう。

7. 日本の生け花について教えてもらいたいですが。

　　… すみません。私はちょっと・・・。

　　　あ、日本の生け花なら山田さんに聞いてみたらどうですか。

8. 小林さんは会社になれましたか。

　… 彼はよく働くし、皆から好かれています。

9. あ、涼しい、散歩でも出かけませんか。

　… いいですね。じゃ、行きましょう。

10. 昨日の講演どうでしたか。

　… 話はおもしろくないし、論理もおかしいです。

11. この公園は三月になると、桜が咲きます。
　… じゃ、三月になったら、花見に来ましょう。
　それはいいですね。

文法ノート

❶ 「たら」

동사, 형용사, 형용동사의 과거형 「た」에 「ら」를 붙여서, 어떤 동작의 조건을 나타낼 때 사용하는 문형이다. (변환 방법 제 7과 文法ノート 참고)

- これを食べたら、元気が出ます。　　　(이것을 먹으면 힘이 날 것입니다.)
- 食べ終わったら、私が片づけます。　　(다 먹으면 제가 설거지하겠습니다.)
- 読んだら貸してください。　　　　　　(읽으면 빌려주십시오.)
- 問題がなかったら、この通りにします。　(문제가 없으면 이대로 하겠습니다.)
- 暇だったら、遊びに行きましょう。　　(한가하면 놀러갑시다.)

❷ なら

미래, 현재의 일에 사용하며, 어떤 상황이 성립하는 것을 인정하고, 그 성립을 전제로 판단을 이야기할 때 사용하는 표현이다.

- 君が行くなら私も行く。　　　　(네가 가면 나도 간다.)
- 焼き肉なら「焼き肉太郎」です。　(불고기라면 「야키니쿠타로」입니다.)
- 薬を飲むなら食後がいいですよ。　(약을 먹으려면 식후가 좋습니다.)

비슷한 용법으로 「ば」「と」가 있지만, 語에 따라 의미에 차이가 있다. 간단히 비교해 본다.

<ば> : 동사, 형용사 가정형에 「ば」를 붙이는 용법으로, 구체적인 상황설명 없이 추상적인
　　　 논리관계를 표현할 때 쓰인다.

● 1に2をたせば3だ。(○)
● 1に2をたせば3になった。(×) → 구체적인 완료표현(た)은 할 수 없다.

<と> : 「ば」와 유사하다. 단, 구체적인 상황설명(た)이 가능하지만, 의지, 명령, 희망
　　　 등을 나타내는 말은 올 수 없다.
　　　 자연현상, 습관 등이 그 전형적인 사용례이다.

● 9時になると授業がはじまります。(○)
● 9時になると授業を始めてください。(×)
● 9時になると授業を始めましょう。(×)
● 毎朝起きるとコーヒーを一杯飲みます。(○)

❷ ～し、～

어떤 문형에서 한 관점에 대하여 서술할 때, 병렬하여 표현할 경우에 사용하는 문형으로
종지형에 붙어서 사용된다.

● 昔からの友人だし、このくらい大目に見てくれますよ。

　(옛날부터 친구이고, 이 정도는 너그럽게 봐 줄 것입니다.)
● このバスは便利だし、よく利用しています。

　(이 버스는 편리하고 해서, 잘 이용하고 있습니다.)
● あの人はよく働くし、まじめだし、頭もいいです。

　(저 사람은 일도 잘하고, 성실하고, 머리도 좋습니다.)
● 彼の話はおもしろくないし、論理もおかしいです。
　(그의 이야기는 재미없고, 논리도 이상하다.)

1.
できたら	他のものがいいですね。
読んだら	してくださいね。
病気になったら	医者に見てもらいます。
お金がなかったら	映画を見ません。
暇だったら	友人に会います。

2.
うどん	なら	「うちゃん」が有名です。
病気		医者に見てもらった方がいいです。
必要		大きな病院で検査すればいいです。
ここ		私も2・3度入ったことがあります。

3. 日本語もできるし、　　　英語もできるし、それにまじめです。
　 小説も読んだし、　　　漫画も読んだし、それに雑誌も読みました。
　 韓国の交通は便利だし、　　　安いし、それに親切です。
　 韓国の食べ物は種類も多いし、おいしいし、それに安いです。

4. 今日は暑いし、　それに風もないですね。
　 会社は近いし、　それに給料も高いです。
　 値段は安いし、　それに品質はいいです。
　 経験もないし、　それに習っていないです。

5.　このセーターはちょっと派手だから、　｜　やはりやめましょう。

　　　彼はとても頭が固い人だから、

　　　今はあまりお金がないから、

　　　今日は疲れているから、

6.　　引っ越し準備をしているようですが、　　　　手伝い　｜　ましょうか。

　　　てんぷらが足りないようですが、　　　　注文し　｜

　　　あの子、迷子のようですが、　　　聞いてみ　｜

　　　暑いようですが、クーラーをつけ　｜

다음을 아래와 같이 표현해 보세요.

1.
> できます。他の曜日がいいです。
> → できたら、他の曜日にしたいですが。

(1) お金があります。パソコンを買います。
   →
(2) 雨が降ります。タクシーで行きます。
   →
(3) 値段が安いです。二つ買います。
   →
(4) いい天気です。遊びに行きます。
   →

2.
> 韓国語も上手です。中国語も上手です。
> → 韓国語も上手だし、それに中国語も上手です。

(1) 金さんは英語がぺらぺらです。中国語も多少できます。
   →
(2) 日本の食べ物は味が薄いです。甘いです。高いです。
   →
(3) 韓国の食べ物は種類が多いです。おいしいです。安いです。
   →
(4) 今日は暑いです。湿度も高いです。風もないです。
   →

3. もっと注文しましょうか。(食べすぎる)

　　→ いや、もうたくさんです。食べすぎました。

(1) (不動産屋)2DKはどうでしょうか。(5人家族、狭すぎる)

　　→

(2) 何か食べましょうか。(そうですね。軽く食べる)

　　→

(3) 図書館でも行きましょうか。(すみません。用事がある)

　　→

(4) 暑いですね。ちょっと休みましょうか。(そうします)

　　→

① 다음 단어를 사용하여 문장을 완성시켜 보세요.

出かけます　　　使います　　　忙しくないです　　　あります

(1) 学校で日本語を(　　　　)らよくなります。

(2) お金が(　　　　)ら旅行に行きたいですね。

(3) 今(　　　　)ら、ちょっと話しましょうか。

(4) 何時頃(　　　　)ましょうか。

② 다음을 일본어로 작문해 보세요.

(1) 이번 주 토요일 날씨가 좋다면 테니스 시합을 합시다.

　　→

(2) 고국으로 돌아가면 무슨 일을 합니까?

　　→

(3) 책이 재미있을 것 같군요. 읽고 나서 빌려 주십시오.

　　→

● MEMO NOTE ●

11

レポートを忘れて
しまいました

기본문형

レポートを忘れてしまいました。
花瓶が割れています。
掲示板にはってあります。
前もって読んでおきました。

レポートを忘れてしまいました

새로 나온 단어

- かびん(花瓶) 꽃병
- たのむ(頼む) 부탁하다. 의뢰하다
- われる(割れる) 깨지다. 분열하다.
- けいじばん(掲示板) 게시판
- スイカ(Suica) 동경에서 버스카드를 일컫는 말.
- しかたがない 어쩔 수 없다.
- たいふう(台風) 태풍
- じかんわり(時間割り) (수업)시간표
- うちあわせ(打ち合せ) 협의. 상의
- かんぶ(幹部) 간부
- げんこう(原稿) 원고
- しりょう(資料) 자료
- こしょうする(故障する) 고장나다
- つうちょう(通帳) 예금통장
- がくせいしょう(学生証) 학생증
- キャッシュカード 현금인출 카드
- ガラス 유리. 유리창
- こうそくどうろ(高速道路) 고속도로
- どうぐ(道具) 도구
- はっぴょう(発表) 발표
- ふくしゅう(復習) 복습
- やぶれる(破れる) 찢어지다. 부서지다.
- ぼうねんかい(忘年会) 망년회
- おいわい(お祝い) 축하하는 일. 축하의 말.
- こうくうけん(航空券) 항공권

1. スイカを忘れてしまいました。
   … 今日は現金ですね。
   そうですね。しかたがないですね。
   *スイカ(Suica)：동경에서는 버스카드를 스이카라고 한다.

2. 昨日アパートのかぎを忘れてしまいました。
   … それでどうしましたか。
   大屋さんに言って、開けてもらいました。
   … それは大変ですね。

3. なかなか仕事が終わらなくて、デートに遅れてしまいました。
   … そうですか。それでどうなりましたか。
   彼女は怒って帰ってしまいました。

4. この花瓶は割れていますね。
   … そうですか。じゃ、これを使ってください。

5. 道路に木が倒れていましたよ。
   … あ、この間の台風で倒れたものです。

6. 新学期の時間割りはどこにありますか。
   … 学科の掲示板にはってあります。

7. 今日の打ち合せは3時ですね。
   … そうです。みんなに知らせてあります。

8. 田中さん、幹部会議での発表頼みますよ。

　　… 大丈夫です。前もって原稿を作っておきました。

9. コピー機の上にある資料は捨ててもいいですか。

　　… いえ、捨てないで、本棚に入れておいてください。

❶ ～てしまいます

「～てしまいます」는 '-해 버리다'에 해당하는 표현으로, 어떤 행위가 완료된 것을 나타내는 표현이다. 이것에 대한 과거 표현은 「～てしまいました」(-해 버렸습니다)로 하면 된다.

- 山田さんはなんでも早くやってしまいます。　(야마다씨는 무엇이든 빨리 해 버립니다.)
- その本は読んでしまいました。　　　　　　(그 책은 읽어버렸습니다.)
- 新しいバスカードをなくしてしまいました。　(새 버스 카드를 잃어버렸습니다.)
- 先生との約束をすっかり忘れてしまいました。(선생님과의 약속을 까맣게 잊어버렸습니다.)

❷ どうしましたか

「どうしましたか」는 말하는 이가 그 이유를 묻고싶을 때 사용하는 표현으로 다양한 상황에서 사용한다. 따라서 한국어로 번역할 경우는 의역하는 것이 자연스럽다.

- どうしましたか。[의사가 병원에 온 환자를 보고]
  (어떻게 오셨습니까? / 어디가 아프십니까?)
- どうしましたか。[선생님이 지각한 학생을 보고]
  (왜 늦었어요? / 무슨 일이 있었어요?)
- どうしましたか。[안색이 갑자기 변한 친구를 보고]
  (왜 그래요? / 어디가 아파요?)

❸ 開けてもらいました

　「～てもらう」감사의 뜻이 담긴 것을 해 받는 경우에 사용하는 표현이다. 「大屋さんに開けてもらいました」인 경우 한국어는 '집주인이 열어 주었습니다'가 자연스러운 표현이지만, 일본어 경우는 집주인으로부터 신세를 지고 받는 것이므로, 「大屋さんが開けてくれました」보다 「大屋さんに開けてもらいました」가 일본인의 자주 사용하는 일본어 표현이 된다.

❹ ～ています

　「～て形 + います」는 동사의 진행을 표현하는 경우와, 동작이 완료된 상태를 표현하는 경우가 있다. 한국어의 경우는 진행을 나타내는 경우는 '-고 있다', 완료된 상태를 나타내는 경우는 '-져 있다'로 구분되어 있으나, 일본어는 형태상의 구분은 없다. 단, 완료된 상태를 나타내는 경우는 순간적인 동사가 오는 것이 일반적이다.

　　<순간적인 동사>
　　● 割れる(깨지다)　→ 割れています。　　　(깨져 있습니다)
　　● 倒れる(쓰러지다)　→ 倒れています。　　　(쓰러져 있습니다)
　　● 故障する(고장나다)　→ 故障しています。 (고장나(져) 있습니다)

　　<지속적인 동사>
　　● 読む (읽다) → 読んでいます。　　　　(읽고 있습니다)
　　● 食べる(먹다) → 食べています。　　　　(먹고 있습니다)
　　● 勉強する(공부하다) → 勉強しています。 (공부하고 있습니다)

❹ ～てあります

「～てあります」는 누군가 행동한 결과를 나타내는 것으로, 동사는 항상 타동사이다. 한국어로 번역할 경우 타동사가 자동사로 되는 경우가 많으므로 본래의 의미가 손상되지 않는 범위에서 적절하게 의역하는 것이 좋겠다.

● 机の上に本が置いてあります。　　(책상 위에 책이 놓여져 있습니다)

위 문장은 「おく(놓다) + て(서) + あります(있습니다)」의 구조이다. 즉, 누군가 의도적으로 책을 책상위에 두었고, 그래서 그 상태가 지속되고 있다는 의미이다. 「置く」는 '놓이다' 가 아닌 '놓다' 이다. 만약 '놓다'로 번역하면, 한국어는 타동사 앞의 조사는 '가' 가 아닌 '를'이므로 어색한 문장이 된다. 따라서 의미가 손상되지 않는 상태의 의역이 필요하다.

田中さん、私の辞書はどこ。　　(타나카씨, 내 사전은 어디?)
あ、机の上においてあります。(아, 책상위에 놓여져 있습니다.(*))
　　　　　　　　　　　　　　(아, 책상위에 놓아 두었습니다.(O))

❺ ～ておきます

「～ておきます」는 「置く」가 보조동사로 쓰인 경우로 한국어의 '-해 두다'와 같은 표현이다.

● 授業の前に教科書を読んでおきます。　　　　(수업 전에 교과서를 읽어둡니다.)
● ホテルは予約しておきました。　　　　　　(호텔은 예약해 두었습니다)
● ワールドカップのチケットは買っておきました。 (월드컵 티켓은 사 두었습니다.)

6 ～てもいいです

「～てもいいです」는 '-해도 좋습니다, -라도 괜찮습니다'의 의미를 표현할 때 사용하는 문형이다.

- 来週出してもいいですか。 　　　(다음 주 내도 괜찮습니까?)
- 私からやってもいいですか。 　　(저부터 해도 좋습니까?)
- 安かったら、買ってもいいですか。　(싸면 사도 괜찮습니까?)

1.　　　　　　通帳を　　　　　　忘れて　　　　しまいました。
　　　　　　　学生証を
　　　　　　　パスポートを
　　　　　キャッシュカードを

2.　　　　　　窓のガラスが　　　　割れて　　　　います。
　　　　　　　高速道路は　　　　　すいて
　　　　　　　家の前に車が　　　　とまって
　　　　　　　台風で木が　　　　　倒れて

3.　　　時間割りは掲示板に　　　　はって　　　　あります。
　　　　電話番号は手帳に　　　　　書いて
　　　　ホテルは3日前に　　　　　予約して
　　　たんすの上に花瓶が　　　　　おいて

4.　　発表資料は前もって　　　　　読んで　　　　おきました。
　　　　プレゼントは昨日　　　　　買って
　　使った道具はきれいに　　　　　洗って
　　　習った内容は必ず　　　　　　復習して

練 習 II

다음을 아래와 같이 표현해 보세요.

1.
> 通帳はどうしましたか。(忘れました)
> → 忘れてしまいました。

(1) 学生証はどうしましたか。(破れました)
→

(2) キャッシュカードはどうしましたか。(なくしました)
→

(3) (駅の事務員)どうしましたか。(忘れ物をしました)
→

(4) 間に合いましたか。(電車の時間に遅れました)
→

2.
> 高速道路は混んでいますかね。(今ならすきます)
> → 今ならすいていますよ。

(1) 暑いですね。クーラをつけましょうか。(故障しました)
→

(2) 木村さんの部屋はどこですか。(電気がついた部屋です)
→

(3) 私の荷物はどれですか。(まだ着きませんでした)
→

(4) 会議室は開けましたか。(かぎが掛りました)
→

3.

> 時間割りはどこにありますか。(掲示板にはりました)
> → 掲示板にはってあります。

(1) お中元はどうしましたか。(みなさんに送りました)
    →

(2) 先生の電話番号を知っていますか。(手帳に書きました)
    →

(3) ホテルはどうしましたか。(もう予約しました)
    →

(4) 待ち合せの時間は決めましたか。(もう決めました。)
    →

4.

> 発表資料どうしますか。(前もって読みます)
> → 前もって読んでおいてください。

(1) テキストはどうしますか。(来週まで買います)
    →

(2) パンフレットはどうしますか。(200部準備します)
    →

(3) 使った道具はどうしますか。(洗って元にもどします)
    →

(4) 食べた後にどうしますか。(かたづけます)
    →

❶ 「あります、います、おきます」를 사용하여 짧은 회화를 만들어 보세요.

    (1) タクシーなら _____。

    (2) 結婚お祝いなら_____。

    (3) 忘年会は_____。

    (4) 音楽を聞くぐらいは_____。

❷ 다음을 일본어로 작문해 보세요.

    (1) 결혼했다고는 생각지도 않았습니다.
       →

    (2) 다음 東京行 新幹線은 20분 늦습니다.
       →

    (3) 항공권은 6개월 전에 예약해 두었습니다.
       →

12

謙虚な自己アピールで、
人に好かれる人

第12課 謙虚な自己アピールで、
　　　　　人に好かれる人

새로 나온 단어

- けんきょ(謙) 겸허
- じこアピール(自己アピール) 자기어필
- あつかましい(厚かましい) 뻔뻔스럽다
- よのなか(世の中) 세상
- いきのこる(生き残る) 살아남다
- あんばい(案配) 안배. 조절
- まゆをひそめる(眉をひそめる)
  　　　　　　　눈살을 찌푸리다
- しらずしらず(知らず知らず) .
  　　　어느새. 자신도 모르는 사이에.
- とおざける(遠ざける) 멀리하다
- じったい(実態) 실태
- びとく(美徳) 미덕
- ねつよい(根強い) 뿌리깊다. 꿋꿋하다
- きょうれつ(強烈) 강렬
- じこしゅぎ(自己主義) 자기주의. 이기주의
- けいえん(敬遠) 경원
- いたしかたない(致し方ない) 하는 수 없다
- えんしゅつ(演出) 연출
- コツ 비법
- しょうしん(昇進) 승진

- すいきょ(推挙) 추천
- しどう(指導) 지도
- いいあらわす(言い表す) 말로 나타내다
- このむ(好む) 즐기다. 바람직하다.
- まい (원형+まい) ～하지 않겠다. ～할리 없다
- べんたつ(鞭撻) 편달
- つけくわえる(つけ加える) 보태다. 덧붙이다.
- なおさら 더 한층
- たかぶる(高ぶる) 우쭐거리다. 뽐내다.
- ひっぱる(引っ張る) (잡아)끌다.
- ひかえめ(控えめ) 조심스러움. 적은듯이 함.
  　* 控えめにする 삼가다.
- とく(得) 이익
- こころがける(心がける) 유의하다. 명심하다.
- けしさる(消し去る) 지워 없애다.
- みにつける(身につける) 익히다. 제 것으로 하다.
- みのる(実る) 열매를 맺다.
- いなほ(稲穂) 벼이삭
- たれる(垂れる) 늘어지다. 처지다. 숙이다.

「ありがとう」「おかげさまで」で、自己アピールになる

　少し厚かましいくらいに自己アピールをしていかないと、いまの世の中では生き残っていけないのだという。とはいいながら、その按配がむずかしい。「少し」を過ぎれば、周りの人たちに眉をひそめられ、知らず知らずのうちに遠ざけられてしまうのが実態だろう。

　謙虚さの美徳は根強く残っている。強烈な自己主義が、ときに「厚かましい」と見られ、敬遠されてしまうのは致し方ないのだろう。

　自己アピールするにしても、謙虚さをどう演出するか。これがコツだ。たとえば、部長に昇進したことをどう言い表すか。

　「私の実力からいえば、当然ですよ」といったら、それが事実であったとしても好まれまい。ここは「おかげさまで部長になることができました」といっておきたい。自分の実力でというのでなく、みなさんに推挙されたおかげさまでという言い方である。「今後とも、ご指導ご鞭撻のほどを」とつけ加えておけば、なおさらよい。

　おごり高ぶる人は、何かと足を引っ張られる。控えめにしている人は、あと押ししてもらえる。どちらが得か。

　いつも「ありがとう」「おかげさまで」という言葉を、たくさん使うよう心がけること。それが、おごり高ぶった気持を消し去り、謙虚な気持ちを自然に身につけるコツである。実った稲穂は頭を垂れる。人も、そうありたい。

*참고

＊ 斎藤茂太, 『明るい話し方が「人の心」をつかむ』 (2005 新購社)

練習

● 다음을 해석해 보세요.

1.

1. 少し厚かましいくらいに自己アピールをしていかないと、いまの世の中では生き残っていけないのだという。とはいいながら、その按配がむずかしい。「少し」を過ぎれば、周りの人たちに眉をひそめられ、知らず知らずのうちに遠ざけられてしまうのが実態だろう。

_____

_____

_____

2.

謙虚さの美徳は根強く残っている。強烈な自己主義が、ときに「厚かましい」と見られ、敬遠されてしまうのは致し方ないのだろう。

_____

_____

3.

自己アピールするにしても、謙虚さをどう演出するか。これがコツだ。たとえば、部長に昇進したことをどう言い表すか。

_____

_____

4. 「私の実力からいえば、当然ですよ」といったら、それが事実であったとしても好まれまい。ここは「おかげさまで部長になることができました」といっておきたい。自分の実力でというのでなく、みなさんに推挙されたおかげさまでという言い方である。「今後とも、ご指導ご鞭撻のほどを」とつけ加えておけば、なおさらよい。

5. おごり高ぶる人は、何かと足を引っ張られる。控えめにしている人は、あと押ししてもらえる。どちらが得か。

6. いつも「ありがとう」「おかげさまで」という言葉を、たくさん使うよう心がけること。それが、おごり高ぶった気持を消し去り、謙虚な気持ちを自然に身につけるコツである。

7. 実った稲穂は頭を垂れる。人も、そうありたい。

● MEMO NOTE ●

부
록

❶ 「년 / 월 / 주 / 일」

一昨年	昨年・去年	今年	来年	再来年
先々月	先月	今月	来月	再来月
先々週	先週	今週	来週	再来週
一昨日	昨日	今日	明日	明後日

❷ 「月」

1月	2月	3月	4月	5月	6月
いちがつ	にがつ	さんがつ	しがつ	ごがつ	ろくがつ
7月	8月	9月	10月	11月	12月
しちがつ	はちがつ	くがつ	じゅうがつ	じゅういちがつ	じゅうにがつ

❸ 「요일」

日曜日	月曜日	火曜日	水曜日	木曜日	金曜日	土曜日

❹ 「날짜」

ついたち	ふつか	みっか	よっか	いつか	むいか	なのか
ようか	ここのか	とおか	じゅういちにち	じゅうににち	じゅうさんにち	じゅうよっか
じゅうごにち	じゅうろくにち	じゅうしちにち	じゅうはちにち	じゅうくにち	はつか	にじゅういちにち
にじゅうににち	にじゅうさんにち	にじゅうよっか	にじゅうごにち	にじゅうろくにち	にじゅうしちにち	にじゅうはちにち
にじゅうくにち	さんじゅうにち	さんじゅういちにち				

❺ 助數詞

	枚(まい) 장(얇은것)	台(だい) 대	回(かい) 회(횟수)	(さい) 세(연령)	冊(さつ) 권(책)	本(ほん) (가늘고긴것)	人(にん) (명)사람
1	いちまい	いちだい	いっかい	いっさい	いっさつ	いっぽん	ひとり
2	にまい	にだい	にかい	にさい	にさつ	にほん	ふたり
3	さんまい	さんだい	さんかい	さんさい	さんさつ	さんぼん	さんにん
4	よんまい	よんだい	よんかい	よんさい	よんさつ	よんほん	よにん
5	ごまい	ごだい	ごかい	ごさい	ごさつ	ごほん	ごにん
6	ろくまい	ろくだい	ろくかい	ろくさい	ろくさつ	ろっぽん	ろくにん
7	ななまい	ななだい	ななかい	ななさい	ななさつ	ななほん	ななにん
8	はちまい	はちだい	はちかい (はっかい)	はちさい	はっさつ	はちほん はっぽん	はちにん
9	きゅうまい	きゅうだい	きゅうかい	きゅうさい	きゅうさつ	きゅうほん	きゅうにん
10	じゅうまい	じゅうだい	じゅっかい	じゅっさい	じゅっさつ	じゅっぽん	じゅうにん
何	なんまい	なんだい	なんかい	なんさい	なんさつ	なんぼん	なんにん

※ 사람을 셀 때는 한 사람, 두 사람까지는 「ひとり、ふたり」로 세고, 세 사람부터는 한자음
「~にん(人)」으로 센다.

⑥ 경어 (존경어와 겸양어)

	尊敬語(존경어)		謙讓語(겸양어)	
する	なさる	하 시 다	いたす	하 다
	される		させていただく	
行く	行かれる	가 시 다	まいる	가다. 찾아뵙다
	いらっしゃる		うかがう	
来る	おいでになる	오 시 다	まいる	오 다
	お越しになる			
	お見えになる		うかがう	
	いらっしゃる			
いる	いらっしゃる	있으시다 계 시 다	おる	있 다
	おいでになる			
食べる	あがる	드 시 다 잡수시다	ご馳走になる	먹 다
	召しあがる		いただく	
	お食べになる		ちょうだいする	
言う	言われる	말씀하시다	申す	말하다 말씀드리다
	おっしゃる		申し上げる	
見る	見られる	보 시 다	見せていただく	보 다
	ご覧になる		拝見する	
聞く	聞かれる	들으시다	うけたまわる	삼가듣다 들 잡 다 공손히 듣다
			お聞きする	
	お聞きになる		うかがう	
			拝聴する	
与える	くださる	주 시 다	差し上げる	주 다
	たまわる		進呈する	
もらう 受ける	お受けになる	드 리 다	いただく	받 다 받 잡 다
			ちょうだいする	
			ちょうだいする	

❼ 일본의 국경 휴일

날짜	휴일명
1월 1일	元日 (お正月 : 오쇼가쓰)
1월 두번째 월요일	成人の日 성인의 날
2월 11일	建国記念日 건국기념일
3월 20일경	春分の日 춘분
4월 29일	緑の日 식목일과 유사 (*쇼와천황의 탄생일이나,고인이 생물학에 관심이 많았던 것을 기념하기 위해 제정)
5월 3일	憲法記念日 헌법기념일
5월 4일	国民の休日 국민의 휴일
5월 5일	子供の日 어린이 날
7월 세번째 월요일	海の日 바다의 날
9월 세번째 월요일	敬老の日 경로의 날
9월 23일경	秋分の日 추분
10월 두번째 월요일	体育の日 체육의 날 (*1964년 동경올림픽을 기념해 제정)
11월 3일	文化の日 문화의 날
11월 23일	勤労感謝の日 근로감사일
12월 23일	天皇誕生日 (현, 平成천황의 생일을 축하)

❽ 동사의 활용

동사의 종류	기본형	ます形 [連用形]	て形	た形	たり形	たら形	ば(れば)形 [가정형]	れる(られる)形 [수동형]
五段動詞	書く	書きます	書いて	書いた	書いたり	書いたら	書けば	書かれる
	行く	行きます	行って	行った	行ったり	行ったら	行けば	行かれる
	泳ぐ	泳ぎます	泳いで	泳いだ	泳いだり	泳いだら	泳げば	泳がれる
	思う	思います	思って	思った	思ったり	思ったら	思えば	思われる
	待つ	待ちます	待って	待った	待ったり	待ったら	待てば	待たれる
	作る	作ります	作って	作った	作ったり	作ったら	作れば	作られる
	死ぬ	死にます	死んで	死んだ	死んだり	死んだら	死ねば	死なれる
	呼ぶ	呼びます	呼んで	呼んだ	呼んだり	呼んだら	呼べば	呼ばれる
	飲む	飲みます	飲んで	飲んだ	飲んだり	飲んだら	飲めば	飲まれる
	話す	話します	話して	話した	話したり	話したら	話せば	話される
上一段動詞	見る	見ます	見て	見た	見たり	見たら	見れば	見られる
下一段動詞	食べる	食べます	食べて	食べた	食べたり	食べたら	食べれば	食べられる
カ行変格	来る	来ます	来て	来た	来たり	来たら	来れば	来られる
サ行変格	する	します	して	した	したり	したら	すれば	される
する動詞	運動する	運動します	運動して	運動した	運動したり	運動したら	運動すれば	運動される

せる (させる)形 [사역형]	가능형	ない形 [부정형]	う(よう)形 [의지·권유형]	명령형	비 고
書かせる	書ける	書かない	書こう	書け	歩く、動く、聞く、着く
行かせる	行ける	行かない	行こう	行け	・
泳がせる	泳げる	泳がない	泳ごう	泳げ	急ぐ、担ぐ、騒ぐ、脱ぐ
思わせる	思える	思わない	思おう	思え	会う、洗う、歌う、買う
待たせる	待てる	待たない	待とう	待て	打つ、勝つ、立つ、持つ
作らせる	作れる	作らない	作ろう	作れ	帰る、知る、乗る、分かる
死なせる	死ねる	死なない	死のう	死ね	・
呼ばせる	呼べる	呼ばない	呼ぼう	呼べ	遊ぶ、飛ぶ、運ぶ
飲ませる	飲める	飲まない	飲もう	飲め	住む、休む、読む
話させる	話せる	話さない	話そう	話せ	押す、貸す、指す、なくす
見させる	見られる	見ない	見よう	見れ	起きる、落ちる、着る、過ぎる
食べさせる	食べられる	食べない	食べよう	食べれ	覚える、出る、寝る、忘れる
来させる	来られる	来ない	来よう	来い	・
させる	できる	しない	しよう	しろ	・
運動させる	運動できる	運動しない	運動しよう	運動しろ	散歩する、勉強する

❾ い형용사의 활용 동사의 활용

기본형	です形	て形 [중지형]	た形	ない形 (현재)	ない形 (과거)
多い	多いです	多くて	おおかった	多くない	多くなかった
寒い	寒いです	寒くて	寒かった	寒くない	寒くなかった
美しい	美しいです	美しくて	美しかった	美しくない	美しくなかった

だろう形 [推量形]	가정조건형		부사형	명사수식형	명사형
多いだろう	多いなら 多ければ	大きかったら	多く	多い	多さ
寒いだろう	寒いなら 寒ければ	寒かったら	寒く	寒い	寒さ
美しいだろう	美しいなら 美しければ	美しかったら	美しく	美しい	美しさ

❿ な형용사(형용동사)의 활용

기본형	です形	て形 [중지형]	た形	ない形 (현재)	ない形 (과거)
静かだ	静かです	静かで	静かだった	静かではない	静かではなかった
さわやかだ	さわやかです	さわやかで	さわやかだった	さわやかではない	さわやかではなかった
簡単だ	簡単です	簡単で	簡単だった	簡単ではない	簡単ではなかった

だろう形 [推量形]	가정조건형		부사형	명사수식형	명사형
静かだろう	静かなら	静かだったら	静かに	静かな	静かさ
さわやかだろう	さわやかなら	さわやかだったら	さわやかに	さわやかな	さわやかさ
簡単だろう	簡単なら	簡単だったら	簡単に	簡単な	簡単さ

⑪ 일본의 행정구역

일본전국 : 1都, 1道, 2府, 44県

北海道地方(ほっかいどう・ちほう) : 1 道
1．北海道 [ほっかいどう、札幌（さっぽろ）]

東北地方（とうほく・ちほう） : 6 県
2．青森県 [あおもりけん、青森（あおもり）]
3．岩手県 [いわてけん、盛岡（もりおか）]
4．宮城県 [みやぎけん、仙台（せんだい）]
5．秋田県 [あきたけん、秋田（あきた）]
6．山形県 [やまがたけん、山形（やまがた）]
7．福島県 [ふくしまけん、福島（ふくしま）]

関東地方（かんとう・ちほう） : 1 都・6 県
8．茨城県 [いばらきけん、水戸（みと）]
9．栃木県 [とちぎけん、宇都宮（うつのみや）]
10．群馬県 [ぐんまけん、前橋（まえばし）]
11．埼玉県 [さいたまけん、浦和（うらわ）]
12．千葉県 [ちばけん、千葉（ちば）]
13．東京都 [とうきょうと、東京（とうきょう）]
14．神奈川県 [かながわけん、横浜（よこはま）]

中部地方（ちゅうぶ・ちほう） : 9 県
15．新潟県 [にいがたけん、新潟（にいがた）]
16．富山県 [とやまけん、富山（とやま）]
17．石川県 [いしかわけん、金沢（かなざわ）]
18．福井県 [ふくいけん、福井（ふくい）]
19．山梨県 [やまなしけん、山梨（やまなし）]
20．長野県 [ながのけん、長野（ながの）]
21．岐阜県 [ぎふけん、岐阜（ぎふ）]

２２．静岡県 [しずおかけん、静岡（しずおか）]
２３．愛知県 [あいちけん、名古屋（なごや）]

近畿地方（きんき・ちほう）：2府・5県
２４．三重県 [みえけん、津（つ）]
２５．滋賀県 [しがけん、大津（おおつ）]
２６．京都府 [きょうとふ、京都（きょうと）]
２７．大阪府 [おおさかふ、大阪（おおさか）]
２８．兵庫県 [ひょうごけん、神戸（こうべ）]
２９．奈良県 [ならけん、奈良（なら）]
３０．和歌山県 [わかやまけん、和歌山（わかやま）]

中国地方（ちゅうごく・ちほう）：5県
３１．鳥取県 [とっとりけん、鳥取（とっとり）]
３２．島根県 [しまねけん、松江（まつえ）]
３３．岡山県 [おかやまけん、岡山（おかやま）]
３４．広島県 [ひろしまけん、広島（ひろしま）]
３５．山口県 [やまぐちけん、山口（やまぐち）]

四国地方（しこく・ちほう）：4県
３６．香川県 [かがわけん、高松（たかまつ）]
３７．徳島県 [とくしまけん、徳島（とくしま）]
３８．愛媛県 [えひめけん、松山（まつやま）]
３９．高知県 [こうちけん、高知（こうち）]

九州沖縄地方（きゅうしゅう・おきなわちほう）：8県
４０．福岡県 [ふくおかけん、福岡（ふくおか）]
４１．佐賀県 [さがけん、佐賀（さが）]
４２．長崎県 [ながさきけん、長崎（ながさき）]
４３．熊本県 [くまもとけん、熊本（くまとも）]
４４．大分県 [おおいたけん、大分（おおいた）]
４５．宮崎県 [みやざきけん、宮崎（みやざき）]

４６. 鹿児島県 [かごしまけん、鹿児島 (かごしま)]
４７. 沖縄県 [おきなわけん、那覇 (なは)]

저자약력

- 현, 순천대학교 일본어일본문화학과 교수 　김광수
- 현, 순천대학교 일본어일본문화학과 교수 　박윤호
- 현, 순천대학교 일본어일본문화학과 교수 　이하자
- 현, 순천대학교 일본어일본문화학과 교수 　방극철
- 현, 순천대학교 일본어일본문화학과 교수 　조래철

실용 일본어 입문

초판인쇄 2008년 8월 22일 　　**초판발행** 2008년 8월 29일

저자 김광수·박윤호·이하자·방극철·조래철 　| **발행** 제이앤씨 　| **등록** 제7-220호

132-040
서울시 도봉구 창동 624-1 현대홈시티 102-1206
TEL (02)992-3253 　| FAX (02)991-1285
e-mail, jncbook@hanmail.net 　| URL http://www.jncbook.co.kr

ISBN 978-89-5668-636-3 03370 　　　| 정 가 10,000원